JN021189

だれにでも覚えられる ゼッタイ基礎ボキャブラリー

ゼロからスタート
スペイン語単語

**BASIC
1000**

イスパニカ
Hispánica

Jリサーチ出版

はじめに

　数多くあるスペイン語の単語集の中から、本書を手にとっていただき、ありがとうございます。

　この書籍では、「BASIC1000」というタイトル通り、基本的な、最初に覚えてほしい単語と、それにまつわる表現や知識をまとめました。

　PARTE 1「最初に覚える基本の表現」からPARTE 5「今すぐ使いたい単語と表現」までの構成は目次をご覧ください。特に、文法のことも知りたいという方は、PARTE 2 に動詞の変化などを掲載しましたので、ここを参照していただければと思います。旅行などの具体的な目的がある方は、PARTE 3 の興味のあるテーマ（ユニット）のところを使ってください。PARTE 4 には、品詞別に重要な単語をまとめました。前置詞の使い方などは少し詳しく解説し、複数の例文を掲載しました。

　この書籍は、スペイン語が心から大好きなメンバーばかりが集まって執筆しました。翻訳者の國貞草兵さん、インフォーマントの Carlos Naranjo Bejarano さん、協力者の橋詰茜さん、そしていつも助けてくれる淳子さん、ありがとうございました。

イスパニカ代表

本橋　祈

目次
Índice

PARTE 4　品詞別基本単語 ・・・・・・・・・・・・・・・・・ 181

PARTE 5　今すぐ使いたい単語と表現 ・・・・・・ 225

本書の使い方

ユニットのテーマです。テーマに関する主な単語を、
基本的なものから取り上げています。

品詞を示しています。

スペイン語の読みを
カタカナで表記して
います。

名詞の性を
男 (男性名詞)、
女 (女性名詞)で
示しています。

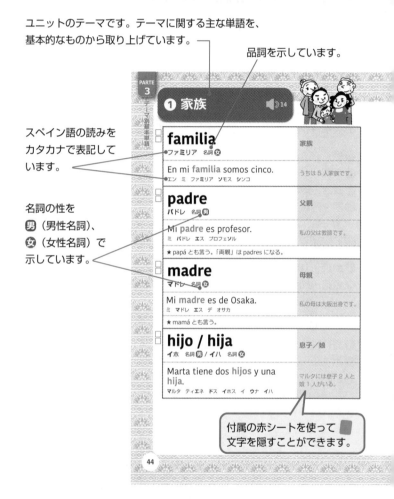

PARTE
3

テーマ別基本単語

❶ 家族 🔊 14

familia
●ファミリア 名詞 女   家族

En mi familia somos cinco.
●エン ミ ファミリア ソモス シンコ   うちは5人家族です。

padre
パドレ 名詞 男   父親

Mi padre es profesor.
ミ パドレ エス プロフェソル   私の父は教師です。

★ papá とも言う。「両親」は padres になる。

madre
マドレ 名詞 女   母親

Mi madre es de Osaka.
ミ マドレ エス デ オサカ   私の母は大阪出身です。

★ mamá とも言う。

hijo / hija
イホ 名詞 男 / イハ 名詞 女   息子／娘

Marta tiene dos hijos y una
hija.
マルタ ティエネ ドス イホス イ ウナ イハ   マルタには息子2人と娘1人がいる。

付属の赤シートを使って
文字を隠すことができます。

44

🔊 音声は、それぞれの見出し語と例文について、スペイン語→日本語
の順で収録されています。

➡ ダウンロードの方法は p.8 をご覧ください。

性別の違いで形が異なる語を
示すときに使います。

hermano / hermana
エル**マ**ノ 名詞**男** / エル**マ**ナ 名詞**女**

兄弟／姉妹 ●――― 見出し語の訳です。

Juán y Juana son hermanos.
フ**アン** イ フ**アナ** ソン エル**マ**ノス

フアンとフアナは
兄妹です。 ●――― 例文の訳です。

★ 区別することはあまりないが、「兄・姉」は hermano(a) mayor, 「弟・妹」
は hermano(a) menor.

tío / tía
ティオ 名詞**男** / **ティ**ア 名詞**女**

おじ／おば

sobrino / sobrina
ソブ**リ**ノ 名詞**男** / ソブ**リ**ナ 名詞**女**

おい／めい

abuelo / abuela
アブ**エ**ロ 名詞**男** / アブ**エ**ラ 名詞**女**

祖父／祖母

nieto / nieta
ニ**エ**ト 名詞**男** / ニ**エ**タ 名詞**女**

孫（男／女）

primo / prima
プ**リ**モ 名詞**男** / プ**リ**マ 名詞**女**

いとこ（男／女）

esposo / esposa
エス**ポ**ソ 名詞**男** / エス**ポ**サ 名詞**女**

夫／妻

★「夫」のことは marido、「妻」のことは mujer とも言う。 ●――― ためになる豆知識
や注意点を紹介し
ます。

理解度の目安として、
印をつけるといいでしょう。

音声ダウンロードのご案内

STEP 1 商品ページにアクセス！ 方法は次の3通り！

①
QRコードを読み取ってアクセス。

ダイレクトにアクセス

②
https://www.jresearch.co.jp/book/b536580.html
を入力してアクセス。

ダイレクトにアクセス

③
Jリサーチ出版のホームページ（https://www.jresearch.co.jp/）
にアクセスして、「キーワード」に書籍名を入れて検索。

ホームページから商品ページへ

STEP 2 ページ内にある「音声ダウンロード」ボタンをクリック！

STEP 3 ユーザー名「1001」、パスワード「25014」を入力！

STEP 4 音声の利用方法は2通り！ 学習スタイルに合わせた方法でお聴きください！

①
「音声ファイル一括ダウンロード」より、ファイルをダウンロードして聴く。

②
▶ボタンを押して、その場で再生して聴く。

※ダウンロードした音声ファイルは、パソコン・スマートフォンなどでお聴きいただくことができます。一括ダウンロードの音声ファイルは.zip形式で圧縮してあります。解凍してご利用ください。ファイルの解凍が上手く出来ない場合は、直接の音声再生も可能です。

音声ダウンロードについてのお問合せ先
toiawase@jresearch.co.jp（受付時間：平日9時〜18時）

スペインの基本

基本事項ならびに本書の例文で使われている文法について説明します。

❶ 文字と発音の基本

1

アルファベットの形は Ñ/ñ（エニェ）以外は英語と同じ。

2

発音は日本語に似ているので、最初はローマ字読みを基本に考えてよい。

気を付けるべきは、以下のルール。

❶ b と v は同じでバ行。下唇を噛む必要なし。

❷ ce（セ）、ci（シ）、za（サ）、ze（セ）、zi（シ）、zo（ソ）、zu（ス）は英語の th の発音。ただし、中南米では s の音。

❸ ge（へ）、gi（ヒ）、ja（ハ）、je（へ）、ji（ヒ）、jo（ホ）、ju（フ）はのどの奥から出す音。

❹ gue（ゲ）、gui（ギ）はローマ字読みと異なる。「グ」と読む場合は güe（グエ）、güi（グイ）のように u に「¨」が付く。

❺ h はどの位置にあっても読まない。

❻ ll はジャ行かリャ行。（アルゼンチンなど「シャ行」で発音するところもある。）

❼ ñ はニャ行。

❽ q は que（ケ）、qui（キ）。

❾ rr と文頭の r は舌先を震わせて発音する。

❿ y はジャ行かヤ行。母音が続かない場合は「イ」となる。

❷ 名詞と形容詞の基本

🔊 1

1

名詞に男性名詞、女性名詞の区別がある。

　例外もあるが、男性名詞は o、女性名詞は a で終わることがほとんど。また、冠詞も後に続く名詞の性と数に合わせて変化する。

2

形容詞も名詞の性に合わせて変化する。

例 Mi gat**o** es blanc**o**.　私の（オス）猫は白いです。➡ p.93
　　ミ　ガト　エス　ブランコ

　名詞、形容詞とも、男女同形のものもある。本書では男性形、女性形の両方を記載した。

3

名詞は単数形、複数形がある。

　複数形は語尾に s または es をつける。

4

形容詞も数に対応して変化する。

例 Sus hermana**s** son todas baja**s**.　彼の姉妹はみんな背が低い。
　　スス　エルマナス　ソン　トダス　バハス　　　　　　　➡ p.112

　これが姉か妹ひとりであれば Su hermana es baja. となる。
　　　　　　　　　　　　　　　　ス　エルマナ　エス　バハ

5

アクセントは最後が母音もしくは n か s になる場合は、後ろから 2 番目の音節につく。n か s 以外の子音で終わる場合は最後の音節。それ以外はアクセント記号がつく。

　この書籍ではアクセントの位置を読み仮名の部分に太字で示した。

❸ 動詞の基本

動詞	動詞は、主語（単数／複数、人称 ➡ PARTE 2 p.22）と時制、法に応じて変化する。

時制

　本書の例文で扱った時制は、現在（および現在進行形）、点過去、線過去、現在完了。（このほかにも多くの時制がある。）➡ PARTE 2 p.23 〜 27　現在、点過去の規則活用は 36 ページ参照。

▶ 点過去と線過去のちがい

　点過去……過去のある時点で終わったできごと「〜した」

　線過去……過去の習慣、あるいは継続的なできごと「〜していた」

例 Mi tía me **enseñó**（点過去）muchas cosas cuando yo **era**（線過去）niño.
　ミ　ティア　メ　エンセニョ　ムチャス　コサス　クアンド　ジョ　エラ　ニニョ
　　　　　　　子供の頃、おばは僕にたくさんのことを教えてくれた。➡ p.52

　enseñó「おばは教えてくれた」はその時に完了している過去なので、**点過去**。

　era「子供の頃（私が子供だった頃）」は一定期間続いた過去なので、**線過去**。

法

　本書の例文で扱った法は主に直説法と命令法。直説法は通常の文。命令法は人に何かを命令、依頼するときなどに使う。また、不確かな状況や感情などを表現する場合に用いられる接続法は、本書ではなるべく避けたが、一部の表現で使用している。

語順 | 基本の形は、[主語＋動詞] だが、主語は省略できる（省略する方が自然なこともある）。また [動詞＋主語] の形にすることもできる。

例 Este vino está muy bueno. [主語＋動詞]
エステ ビノ エスタ ムイ ブエノ　　　　このワインはとてもおいしい。 ➡ p.32

Es importante desayunar. [動詞＋主語]
エス インポルタンテ デサジュナル　　　朝食をとることは大切だよ。 ➡ p.56

Trabajo con tres compañeros. [主語の省略]
トラバホ コン トレス コンパニェロス　（私は）3 人の同僚と働いている。 ➡ p.46

目的語の位置は、動詞の後。ただし代名詞になると、動詞の前、あるいは動詞の原形につなげて置く。

例 ¿**Me** puede traer otra manta?　　　（**私に**）毛布をもう 1 枚
　 メ プエデ トラエル オトラ マンタ　　　持ってきてもらえますか？
　　　　　　　　　　　　　　　　　　　　　　　　　　➡ p.233

　 = ¿Puede traer**me** otra manta?
　　　プエデ トラエルメ オトラ マンタ

疑問詞の付いていない疑問文も、平叙文と同じ語順。疑問文や感嘆文は前後に記号を付ける。

再帰動詞 | [動詞＋ se] の形をした再帰動詞というものがある。これは「主語のなす行為が主語本人に及ぶ」ことを表す。

se（再帰代名詞）も主語に応じて変化する。

例 Me levanto muy temprano todas las mañanas.
メ レバント ムイ テンプラノ トダス ラス マニャナス
私は毎朝とても早く起きます。　　➡ p.53

最初に覚える
基本の表現

最重要単語

テーマ別基本単語

品詞別基本単語

今すぐ使いたい

さくいん

あいさつ 🔊 2

Hola.
オラ

こんにちは。

★ 最もよく使われるあいさつ。

Buenos días.
ブエノス ディアス

おはようございます。

★ 昼食まで。

Buenas tardes.
ブエナス タルデス

こんにちは。

★ 昼食の後から夕方まで。

Buenas noches.
ブエナス ノチェス

こんばんは。

★ 「おやすみなさい。」も同じ。

Encantado.
エンカンタド （男性が言うとき）

Encantada.
エンカンタダ （女性が言うとき）

はじめまして。

★ 男性が言うときと女性が言うときで形が変わる。

Mucho gusto.
ムチョ グスト

はじめまして。

★ Encantado との違いはない。

¿Cómo estás?
コモ　エスタス

元気ですか？

★目上の相手には ¿Cómo está (usted)?。

¿Qué tal?
ケ　タル

調子はどう？

★¿Cómo estás? よりもカジュアルな表現。

Estoy bien.
エストイ　ビエン

元気です。

¿Y tú?
イ　トゥ

あなたは？

★目上の相手には ¿Y usted?

自己紹介

Me llamo Satomi.
メ ジャモ サトミ

私の名前はサトミ
です。

Soy de Japón.
ソイ デ ハポン

日本出身です。

Soy profesor.
ソイ プロフェソル

私は教師です。

★ 女性なら profesora。

Tengo veinte años.
テンゴ ベインテ アニョス

私は 20 歳です。

★ veinte = 20

Estudio español.
エストゥディオ エスパニョル

スペイン語を勉強
しています。

¿Cómo te llamas?
コモ テ ジャマス

お名前は？

★ 目上の相手には ¿Cómo se llama (usted)?。

¿De dónde eres?
デ ドンデ エレス

ご出身は？

★ 目上の相手には ¿De dónde es (usted)?。

nombre
ノンブレ

名前

apellido
アペジド

苗字

別れのあいさつ

Adiós.
アディオス

さようなら。

Hasta luego.
アスタ ルエゴ

では。
(じゃあね。)

★最もよく使われる別れのあいさつ。

Hasta mañana.
アスタ マニャナ

また明日。

Hasta ahora.
アスタ アオラ

後でね。

Hasta la próxima semana.
アスタ ラ プロクシマ セマナ

また来週。

Hasta pronto.
アスタ プロント

またね。

Nos vemos.
ノス ベモス

また会いましょう。

¡Buen fin de semana!
ブエン フィン デ セマナ

よい週末を。

¡Buen viaje!
ブエン ビアヘ

よい旅を。

Igualmente.
イグアルメンテ

あなたも。

17

感謝の言葉／お詫びの言葉 🔊 3

Gracias. グラシアス	ありがとう。
Muchas gracias. ムチャス グラシアス	ありがとうございます。
★ Gracias. を強めた言い方。	
Gracias por 〜 . グラシアス ポル	〜をありがとう。
De nada. デ ナダ	どういたしまして。
No pasa nada. ノ パサ ナダ	どういたしまして。 （何でもないです。）
A ti. ア ティ	こちらこそ。
★ 目上の相手には A usted.	
Perdón. ペルドン	すみません。
Con permiso. コン ペルミソ	失礼。
Lo siento. ロ シエント	申し訳ありません。
Disculpa. ディスクルパ	お詫びします。

Por favor.
ポル　ファボル

お願いします。

★「～をください」「～してください」というときにも使える。

Otra vez.
オトラ　ベス

もう一度（言って）。

★丁寧に言うなら Otra vez, por favor.

Oiga.
オイガ

すみません。

★呼びかけの表現。親しい相手には Oye.

Sí.
シ

はい。

No.
ノ

いいえ。

De acuerdo.
デ　アクエルド

了解しました。

Vale.
バレ

わかりました。

★「OK」のように使われる。

No sé.
ノ　セ

知りません。

No entiendo.
ノ　エンティエンド

わかりません。

基本の表現

最重要単語

テーマ別基本単語

品詞別基本単語

今すぐ使いたい

さくいん

スペイン語学習の表現 🔊 4

¿Puede repetirlo, por favor? プエデ レペティルロ ポル ファボル	繰り返してもらえますか？
¿Cómo se dice "*hataraku*" en español? コモ セ ディセ ハタラク エン エスパニョル	「働く」はスペイン語でなんと言いますか？
¿Cómo se escribe? コモ セ エスクリベ	どのように書きますか？
★ つづりを尋ねるときの表現。	
¿Qué significa "arroz"? ケ シグニフィカ アロス	"arroz"とはどんな意味ですか？
Es correcto. エス コレクト	合っています。
No es correcto. ノ エス コレクト	間違っています。
Lee. レエ	読みなさい。
Escucha. エスクチャ	聞きなさい。
¿Entiendes? エンティエンデス	わかりましたか？
★ 丁寧な言い方ではないので注意。	
¿Lo sabes? ロ サベス	知っていますか？

最初に覚える
最重要単語

基本の表現

最重要単語

テーマ別基本単語

品詞別基本単語

今すぐ使いたい

さくいん

5

基本の主語 ～は、～が

基本となる主語は 6 種類です。

一人称単数

□□ **yo**
ジョ　　私

一人称複数

□ **nosotros**
ノソトロス　　私たち

□ **nosotras** 女
ノソトラス　　私たち（女性のみ）

二人称単数

□ **tú**
トゥ　　君

二人称複数

□ **vosotros**
ボソトロス　　君たち

□ **vosotras** 女
ボソトラス　　君たち（女性のみ）

★ 中南米では vosotros/vosotras を使用せず、「君たち」の場合も ustedes を使う。

三人称単数

□ **usted**
ウステ　　あなた

□ **él** 男
エル　　彼

□ **ella** 女
エジャ　　彼女

★ 目上の人を指す「あなた」は三人称の扱いになる。

三人称複数

□ **ustedes**
ウステデス　　あなたたち

□ **ellos**
エジョス　　彼ら

□ **ellas** 女
エジャス　　彼女ら（女性のみ）

★ 目上の人たちを指す「あなたたち」は三人称の扱いになる。

動詞 ser セル ～である

動詞は、6種類の主語によって、6種類に活用します。
※ 動詞の現在と点過去の規則活用は 36 ページ参照。

soy ソイ	**Soy** japonés. ソイ ハポネス	私は日本人です。
eres エレス	¿**Eres** estudiante? エレス エストゥディアンテ	君は学生ですか？
es エス	Usted **es** alto. ウステ エス アルト	あなたは背が高いです。
somos ソモス	**Somos** abogados. ソモス アボガドス	私たちは弁護士です。
sois ソイス	No **sois** jóvenes. ノ ソイス ホベネス	君たちは若くない。
son ソン	¿**Son** de España? ソン デ エスパニャ	あなたたちはスペイン出身ですか？

動詞 estar エスタル ～にいる、（一時的に）～である、（【estar ＋現在分詞】で）～しているところである

estoy エストイ	**Estoy** aquí. エストイ アキ	私はここにいます。
estás エスタス	¿Dónde **estás**? ドンデ エスタス	君はどこにいるの？
está エスタ	Carmen **está** trabajando. カルメン エスタ トラバハンド	カルメンは仕事中です。
estamos エスタモス	Ahora **estamos** en la oficina. アオラ エスタモス エン ラ オフィシナ	今、私たちはオフィスにいます。
estáis エスタイス	¿Qué **estáis** haciendo? ケ エスタイス アシエンド	君たち、何をしているんですか？
están エスタン	Mis hermanos **están** nerviosos. ミス エルマノス エスタン ネルビオソス	私の兄弟たちは緊張している。

6

動詞 tener テネル 〜を持っている、〜がある、（〔tener＋que＋不定詞〕で）〜しなければならない

tengo テンゴ	**Tengo** dos coches. テンゴ ドス コチェス	私は車を2台持っている。
tienes ティエネス	¿**Tienes** hermanos? ティエネス エルマノス	兄弟はいますか？
tiene ティエネ	Mi madre **tiene** que ir al hospital. ミ マドレ ティエネ ケ イル アル オスピタル	母は病院に行かなければならない。
tenemos テネモス	No **tenemos** dinero. ノ テネモス ディネロ	私たちにはお金がない。
tenéis テネイス	**Tenéis** buena familia. テネイス ブエナ ファミリア	君たちにはいい家族がいるね。
tienen ティエネン	¿Cuándo **tienen** que volver? クアンド ティエネン ケ ボルベル	いつ帰らなければならないのですか？

動詞 ir イル 行く、（〔ir＋a＋不定詞〕で）〜する予定である

voy ボイ	Hoy no **voy** a la oficina. オイ ノ ボイ ア ラ オフィシナ	今日は私はオフィスに行かない。
vas バス	¿Qué **vas** a hacer mañana? ケ バス ア アセル マニャナ	君は明日は何するの？
va バ	Mi profesor **va** a la biblioteca. ミ プロフェソル バ ア ラ ビブリオテカ	私の先生が図書館に行きます。
vamos バモス	**Vamos** a ir a Japón. バモス ア イル ア ハポン	私たちは日本に行く予定です。
vais バイス	¿Adónde **vais**? アドンデ バイス	君たち、どこへ行くの？
van バン	Los estudiantes **van** en autobús. ロス エストゥディアンテス バン エン アウトブス	生徒たちはバスで行きます。

基本の表現

最重要単語

テーマ別基本単語

品詞別基本単語

今すぐ使いたい

さくいん

動詞 venir ベニル 来る

☐ **vengo** ベンゴ	**Vengo** otra vez. ベンゴ オトラ ベス	また来ます。
☐ **vienes** ビエネス	¿**Vienes** a la fiesta? ビエネス ア ラ フィエスタ	君はパーティーに来る？
☐ **viene** ビエネ	¿No **viene** Paula? ノ ビエネ パウラ	パウラは来ないの？
☐ **venimos** ベニモス	**Venimos** de México. ベニモス デ メヒコ	私たちはメキシコから来ています。
☐ **venís** ベニス	¿Cuándo **venís**? クアンド ベニス	君たちはいつ来ますか？
☐ **vienen** ビエネン	Mis hijos **vienen** esta noche. ミス イホス ビエネン エスタ ノチェ	今晩、息子たちが来ます。

動詞 hacer アセル する、（【hace ～ 】で）天気などの表現

☐ **hago** アゴ	**Hago** la tarea. アゴ ラ タレア	私は宿題をします。
☐ **haces** アセス	¿Qué **haces**? ケ アセス	君は何をしてるの？
☐ **hace** アセ	**Hace** buen tiempo. アセ ブエン ティエンポ	いい天気です。
☐ **hacemos** アセモス	**Hacemos** la compra. アセモス ラ コンプラ	私たちは買い物をします。
☐ **hacéis** アセイス	¿No **hacéis** amigos? ノ アセイス アミゴス	君たちは友だちをつくらないの？
☐ **hacen** アセン	Ellos **hacen** la reserva del hotel. エジョス アセン ラ レセルバ デル オテル	彼らはホテルの予約をします。

動詞 haber アベル

(hay で) ～がある、([haber +過去分詞] で) ～したことがある、～したところだ

□ **hay** アイ	**Hay** una manzana en la mesa. アイ ウナ マンサナ エン ラ メサ	机の上にリンゴが1つあります。
□ **he** エ	**He** estado en Japón. エ エスタド エン ハポン	私は日本へ行ったことがある。
□ **has** アス	¿No **has** comido? ノ アス コミド	君はまだ食べてないの？
□ **ha** ア	Mi madre **ha** hecho la comida. ミ マドレ ア エチョ ラ コミダ	母は食事を用意しました。
□ **hemos** エモス	No **hemos** tenido la oportunidad. ノ エモス テニド ラ オポルトゥニダ	私たちには機会がなかった。
□ **habéis** アベイス	**Habéis** sido buenos. アベイス シド ブエノス	君たち、いい子にしていたね。
□ **han** アン	Ellas no **han** hecho la tarea. エジャス ノ アン エチョ ラ タレア	彼女たちはまだ宿題をしていません。

動詞 querer ケレル

～が欲しい、([querer +不定詞] で) ～したい

□ **quiero** キエロ	**Quiero** una manzana. キエロ ウナ マンサナ	リンゴが1つ欲しいです。
□ **quieres** キエレス	**Quieres** ir a España. キエレス イル ア エスパニャ	君はスペインへ行きたいんだね。
□ **quiere** キエレ	Mi padre no **quiere** ir a la fiesta. ミ パドレ ノ キエレ イル ア ラ フィエスタ	私の父はパーティーに行きたくない。

queremos ケレモス	**Queremos** más paella. ケレモス マス パエジャ	私たちはもっとパエリアが欲しいです。
queréis ケレイス	¿**Queréis** venir aquí? ケレイス ベニル アキ	君たち、ここへ来たいですか？
quieren キエレン	Mis hermanas **quieren** hacer la compra. ミス エルマナス キエレン アセル ラ コンプラ	私の姉妹たちは買い物がしたい。

動詞 **poder** ポデル （【poder＋不定詞】で）〜できる、〜してよい

puedo プエド	No **puedo** ir hoy. ノ プエド イル オイ	私は今日は行けない。
puedes プエデス	¿**Puedes** venir aquí? プエデス ベニル アキ	君、ここへ来られますか？
puede プエデ	Manuel no **puede** nadar hoy. マヌエル ノ プエデ ナダル オイ	マヌエルは今日、泳げない。
podemos ポデモス	Daniel y yo **podemos** ser amigos. ダニエル イ ジョ ポデモス セル アミゴス	ダニエルと私は友だちになれるだろう。
podéis ポデイス	No **podéis** entrar. ノ ポデイス エントラル	君たちは入ってはいけません。
pueden プエデン	Ya **pueden** ver la televisión. ジャ プエデン ベル ラ テレビシオン	もう、あなたたちはテレビを見られますよ。

◀)) 7

所有の代名詞 ～の

代名詞も6種類と考えます。

mi ミ	私の
Mi nombre es Hana. ミ ノンブレ エス ハナ	私の名前はハナです。
tu トゥ	君の
¿Cuál es **tu** paraguas? クアル エス トゥ パラグアス	君の傘はどれ？
su ス	あなたの／彼の／彼女の
Aquella es **su** casa. アケジャ エス ス カサ	あれが彼の家です。
nuestro / nuestra ヌエストロ / ヌエストラ	私たちの
Nuestra maleta está allí. ヌエストラ マレタ エスタ アジ	私たちのスーツケースはあそこにあります。
vuestro / vuestra ブエストロ / ブエストラ	君たちの
Tengo **vuestras** entradas. テンゴ ブエストラス エントラダス	君たちのチケットは私が持っています。
su ス	あなたたちの／彼らの／彼女らの
Su madre es cocinera. ス マドレ エス コシネラ	彼女たちの母親は料理人だ。

★ nuestro/nuestra, vuestro/vuestra は修飾する名詞の性によって変化する。

目的の代名詞　〜を

me メ	私を
¿**Me** puedes ayudar? メ プエデス アジュダル	私を手伝ってもらえますか？
te テ	君を
Te quiero. テ キエロ	私は君を愛しています。
lo / la ロ 男 / ラ 女	あなたを／彼を／彼女を
La llevo a su casa. ラ ジェボ ア ス カサ	私が彼女を家まで送るよ。
nos ノス	私たちを
¿**Nos** invitas? ノス インビタス	君が私たちを招待してくれるの？
os オス	君たちを
Os está llamando el profesor. オス エスタ ジャマンド エル プロフェソル	先生が君たちを呼んでいますよ。
los / las ロス 男 / ラス 女	あなたたちを／彼らを／彼女らを
¿Por qué **los** odias? ポル ケ ロス オディアス	どうして君は彼らのことが嫌いなの？

指示的な代名詞 | これ（この）、それ（その）、あれ（あの）

指示代名詞は性数変化をします。指示形容詞（この、その、あの）も同じ形です。ただし、「これ」「それ」「あれ」の意味のときはアクセントがつく場合もあります。

これ（この）		
esto エスト 中性	¿Qué es **esto**? ケ エス エスト	これはなんですか？
este エステ 男	**Este** vino está muy bueno. エステ ビノ エスタ ムイ ブエノ	このワインはとてもおいしい。
esta エスタ 女	**Esta** es mi maleta. エスタ エス ミ マレタ	これは私のスーツケースです。
それ（その）		
eso エソ 中性	**Eso** es. エソ エス	そうです（その通りです）。
ese エセ 男	No sé **ese** nombre. ノ セ エセ ノンブレ	その名前は知りません。
esa エサ 女	**Esa** bicicleta es de mi hermano. エサ ビシクレタ エス デ ミ エルマノ	その自転車は私の兄弟のです。
あれ（あの）		
aquello アケジョ 中性	**Aquello** es un museo. アケジョ エス ウン ムセオ	あれは美術館です。
aquel アケル 男	**Aquel** edificio es muy famoso. アケル エディフィシオ エス ムイ ファモソ	あの建物はとても有名です。
aquella アケジャ 女	**Aquella** es mi corbata. アケジャ エス ミ コルバタ	あれは私のネクタイです。

8

形容詞 bueno ブエノ 良い

形容詞は性数による変化をします。また、名詞の前や比較形で特殊な変化をする形容詞もあります。

基本の表現

最重要単語

テーマ別基本単語

品詞別基本単語

今すぐ使いたい

さくいん

buen ブエン	（男性単数名詞の前）
El señor Gómez es un **buen** hombre. エル セニョル ゴメス エス ウン ブエン オンブレ	ゴメスさんはいい人だ。
bueno ブエノ	（男性形単数）
Este diccionario es muy **bueno**. エステ ディクシオナリオ エス ムイ ブエノ	この辞書はとてもいい。
buena ブエナ	（女性形単数）
Ayer saqué una **buena** nota. アジェル サケ ウナ ブエナ ノタ	昨日、私はいい成績をとった。
buenos ブエノス	（男性形複数）
Creo que ellos son chicos **buenos**. クレオ ケ エジョス ソン チコス ブエノス	彼らはいい子たちだと思う。
buenas ブエナス	（女性形複数）
Aquí hay muchas tiendas **buenas**. アキ アイ ムチャス ティエンダス ブエナス	ここにはたくさんいいお店がある。
mejor メホル	（比較形単数）
Este vino es **mejor** que el otro. エステ ビノ エス メホル ケ エル オトロ	このワインはもう一方よりもいい。
mejores メホレス	（比較形複数）
Luis es uno de mis **mejores** amigos. ルイス エス ウノ デ ミス メホレス アミゴス	ルイスはぼくの親友の一人だ。

形容詞 malo マロ　　悪い

mal マル	（男性単数名詞の前）
Hoy hace **mal** tiempo. オイ　アセ　マル　ティエンポ	今日は天気が悪い。
malo マロ	（男性形単数）
Es **malo** beber demasiado. エス　マロ　ベベル　デマシアド	飲み過ぎるのは体に悪い。
mala マラ	（女性形単数）
¡Qué **mala** suerte! ケ　マラ　スエルテ	ついてないなあ！ （定型表現）
malos マロス	（男性形複数）
Estos libros son **malos** para los niños. エストス　リブロス　ソン　マロス　パラ　ロス　ニニョス	これらの本は子供には有害だ。
malas マラス	（女性形複数）
He sacado **malas** notas en los exámenes. エ　サカド　マラス　ノタス　エン　ロス　エク**サ**メネス	試験で悪い点数をとりました。
peor ペオル	（比較形単数）
Hoy es el **peor** día de mi vida. オイ　エス　エル　ペオル　ディア　デ　ミ　ビダ	今日は人生で最悪の日だ。
peores ペオレス	（比較形複数）
Todavía hay cosas **peores**. トダビア　アイ　コサス　ペオレス	まだ、さらに悪いことがある。

形容詞 grande グランデ　大きい

☐ **gran** グラン	（単数名詞の前）
Mi abuela era una **gran** mujer. ミ アブ**エ**ラ **エ**ラ **ウ**ナ グ**ラ**ン ム**ヘ**ル	私の祖母は偉大な女性だった。
☐ **grande** グ**ラ**ンデ	（単数）
Quiero vivir en una casa **grande**. キ**エ**ロ ビ**ビ**ル エン **ウ**ナ **カ**サ グ**ラ**ンデ	大きな家に住みたい。
☐ **grandes** グ**ラ**ンデス	（複数）
Allí hay muchos edificios **grandes**. ア**ジ** **ア**イ **ム**チョス エディ**フィ**シオス グ**ラ**ンデス	あそこには大きな建物がたくさんある。
☐ **mayor** マ**ジョ**ル	（「年上」等の意味の比較形単数）
José es mi hermano **mayor**. ホ**セ** **エ**ス ミ エル**マ**ノ マ**ジョ**ル	ホセは私の兄です。
☐ **mayores** マ**ジョ**レス	（「年上」等の意味の比較形複数）
Los estudiantes son **mayores** que yo. ロス エストゥディ**ア**ンテス **ソ**ン マ**ジョ**レス ケ **ジョ**	生徒たちは私より年上だ。

基本の表現

最重要単語

テーマ別基本単語

品詞別基本単語

今すぐ使いたい

さくいん

形容詞 pequeño ペケニョ 小さい

pequeño ペケニョ	（男性形単数）
Mi perro es pequeño. ミ ペロ エス ペケニョ	私の犬は小さい。
pequeña ペケニャ	（女性形単数）
Vivo en una ciudad pequeña. ビボ エン ウナ シウダ ペケニャ	私は小さな街に住んでいる。
pequeños ペケニョス	（男性形複数）
En el parque hay muchos niños pequeños. エン エル パルケ アイ ムチョス ニニョス ペケニョス	公園には小さい子供たちがたくさんいる。
pequeñas ペケニャス	（女性形複数）
Todas las sillas son pequeñas para mí. トダス ラス シジャス ソン ペケニャス パラ ミ	どのイスも私には小さいです。
menor メノル	（「年下」等の意味の比較形単数）
Alicia es mi hermana menor. アリシア エス ミ エルマナ メノル	アリシアは私の妹です。
menores メノレス	（「年下」等の意味の比較形複数）
Ellos son menores de quince años. エジョス ソン メノレス デ キンセ アニョス	彼らは15歳未満です。

🔊 9

疑問詞

疑問詞には必ずアクセントがつきます。

qué ケ	何
¿**Qué** queréis hacer? ケ ケレイス アセル	君たちは何がしたいですか？
quién キエン	だれ
¿**Quién** trabaja aquí? キエン トラバハ ア**キ**	ここでは誰が働いていますか？
cuándo クアンド	いつ
¿**Cuándo** vas a Japón? クアンド バス ア ハポン	君はいつ日本に行きますか？
dónde ドンデ	どこ
¿**Dónde** está Laura? ドンデ エス**タ** **ラ**ウラ	ラウラはどこにいますか？
adónde アドンデ	どこへ
¿**Adónde** vas? アドンデ バス	どこに行くの？
★ しばしば a dónde と 2 語で書かれる。	
cómo コモ	どのような
¿**Cómo** es tu novia? コモ エス トゥ ノビア	君の彼女はどんな人ですか？

35

cuál クアル	どれ
¿**Cuál** te gusta más, la manzana o la naranja? クアル テ **グ**スタ **マ**ス ラ マン**サ**ナ **オ** ラ ナ**ラ**ンハ	リンゴとオレンジ、どっちが好き？
cuánto クアント	どのくらい
¿**Cuántos** coches tiene tu padre? ク**ア**ントス **コ**チェス ティ**エ**ネ トゥ **パ**ドレ	君のお父さんは何台車を持っているの？
por qué ポル **ケ**	なぜ
¿**Por qué** estás aquí? ポル **ケ** エス**タ**ス ア**キ**	どうして君がここにいるんですか？

動詞の規則活用（直説法現在、直説法点過去）

🔊10

●現在		
-ar	**-er**	**-ir**
例 trabaj**ar** （働く）	beb**er** （飲む）	viv**ir** （生きる）
-o	-o	-o
-as	-es	-es
-a	-e	-e
-amos	-emos	-imos
-áis	-éis	-ís
-an	-en	-en

●点過去		
-ar	**-er**	**-ir**
trabaj**ar** （働く）	beb**er** （飲む）	viv**ir** （生きる）
-é	-í	-í
-aste	-iste	-iste
-ó	-ió	-ió
-amos	-imos	-imos
-asteis	-isteis	-isteis
-aron	-ieron	-ieron

副詞

副詞は性数などによる変化をしません。基本的なものをここで
学びます。

aquí アキ	ここに
Estamos aquí. エスタモス アキ	私たちはここにいます。
★ 中南米では acá ということもある。	

ahí アイ	そこに
Mi bolso está ahí. ミ ボルソ エスタ アイ	私のかばんはそこにあります。

allí / allá アジ　　アジャ	あそこに
Quiero ir allí. キエロ イル アジ	私はあそこに行きたい。

muy ムイ	とても
Laura es muy alta. ラウラ エス ムイ アルタ	ラウラはとても背が高い。

bien ビエン	よく、うまく
Felipe cocina muy bien. フェリペ コシナ ムイ ビエン	フェリペは料理がとても上手だ。

mucho ムチョ	たくさん
Tienes que estudiar mucho. ティエネス ケ エストゥディアル ムチョ	君はたくさん勉強しなくてはなりませんよ。

también タンビエン	～もまた
"Estoy cansado." "Yo **también**." エストイ カンサド　　ジョ　タンビエン	「疲れた」「私もよ」
tampoco タンポコ	～もまた…ない
"No tengo hambre. " "Yo **tampoco**." ノ　テンゴ　アンブレ　　ジョ　タンポコ	「お腹はすいていません」 「私もです」
ya ジャ	もう
¿**Ya** quieres volver? ジャ　キエレス　ボルベル	君はもう帰りたいですか？
todavía トダビア	まだ
Todavía son las siete. トダビア　ソン　ラス　シエテ	まだ7時だ。
siempre シエンプレ	いつも
Siempre pienso en ti. シエンプレ　ピエンソ　エン　**ティ**	僕はいつも君のことを考え ています。

0	cero セロ		20	veinte ベインテ
1	uno (un) / una* ウノ ウン ウナ		21	veintiuno ベインティウノ
2	dos ドス		22	veintidós ベインティドス
3	tres トレス		23	veintitrés ベインティトレス
4	cuatro クアトロ		24	veinticuatro ベインティクアトロ
5	cinco シンコ		25	veinticinco ベインティシンコ
6	seis セイス		26	veintiséis ベインティセイス
7	siete シエテ		27	veintisiete ベインティシエテ
8	ocho オチョ		28	veintiocho ベインティオチョ
9	nueve ヌエベ		29	veintinueve ベインティヌエベ
10	diez ディエス		30	treinta トレインタ
11	once オンセ		31	treinta y uno トレインタ イ ウノ
12	doce ドセ		32	treinta y dos トレインタ イ ドス
13	trece トレセ		40	cuarenta クアレンタ
14	catorce カトルセ		50	cincuenta シンクエンタ
15	quince キンセ		60	sesenta セセンタ
16	dieciséis ディエシセイス		70	setenta セテンタ
17	diecisiete ディエシシエテ		80	ochenta オチェンタ
18	dieciocho ディエシオチョ		90	noventa ノベンタ
19	diecinueve ディエシヌエベ		100	ciento (cien)** シエント シエン

* uno は男性名詞の前では un、女性名詞の前では una になります。

** ciento は名詞や mil の前では cien になるほか、日常では cien がよく使われます。

基本の表現

最重要単語

テーマ別基本単語

品詞別基本単語

今すぐ使いたい

さくいん

101	ciento uno シエント ウノ
102	ciento dos シエント ドス
110	ciento diez シエント ディエス
150	ciento cincuenta シエント シンクエンタ
200	doscientos ドスシエントス
201	doscientos uno ドスシエントス ウノ
300	trescientos トレスシエントス
400	cuatrocientos クアトロシエントス
500	quinientos キニエントス
600	seiscientos セイスシエントス
700	setecientos セテシエントス
800	ochocientos オチョシエントス
900	novecientos ノベシエントス
1,000*	mil ミル
1,001	mil uno ミル ウノ
1,100	mil cien ミル シエン
1,500	mil quinientos ミル キニエントス
2,000	dos mil ドス ミル
10,000	diez mil ディエス ミル
100,000	cien mil シエン ミル

| 1.5** | uno coma cinco ウノ コマ シンコ |
| 20% | veinte por ciento ベインテ ポル シエント |

第1の	primero プリメロ
第2の	segundo セグンド
第3の	tercero テルセロ
第4の	cuarto クアルト
第5の	quinto キント
第6の	sexto セクスト
第7の	séptimo セプティモ
第8の	octavo オクタボ
第9の	noveno ノベノ
第10の	décimo デシモ

2分の1	medio メディオ
3分の1	tercio テルシオ
4分の1	cuarto クアルト

| 2倍 | doble ドブレ |
| 3倍 | triple トリプレ |

* スペイン語では1000の区切りにコンマではなくピリオド（punto）を打ちます（ただし中南米はコンマのことも多い）。
** スペイン語では小数点にピリオドではなくコンマを打ちます（ただし中南米はピリオドのことも多い）。

❊ 時刻の表し方 ❊

❶ 「○時です」→動詞 ser（es, son）を使って表します

. . . .

1時です。	**Es** la una. エス ラ **ウ**ナ
2時です。	**Son** las dos. **ソ**ン ラス **ド**ス
10時です。	**Son** las diez. **ソ**ン ラス ディ**エ**ス

◆ 数字に定冠詞 la, las を付けます。1 時のときだけ動詞の活用が es になります。2 時以降は son です。

❷ 「○時に〜します」→前置詞 a を使って表します

. . . .

バスは1時に来ます。	El autobús viene **a** la una. エル アウト**ブ**ス ビ**エ**ネ ア ラ **ウ**ナ
彼らは3時に着きます。	Ellos llegan **a** las tres. **エ**ジョス **ジェ**ガン ア ラス ト**レ**ス
私は11時に食べます。	Yo como **a** las once. **ジョ コ**モ ア ラス **オ**ンセ

◆ 前置詞 a の後で、数字に定冠詞 la, las を付けます。

基本の表現

最重要単語

テーマ別基本単語

品詞別基本単語

今すぐ使いたい

さくいん

❸ 時刻の表現

en punto （ちょうど）
エン　プント

menos cinco （55分）
メノス　シンコ

y cinco （5分）
イ　シンコ

menos diez （50分）
メノス　ディエス

y diez （10分）
イ　ディエス

menos cuarto
メノス　クアルト
（45分）

y cuarto（15分）
イ　クアルト

★ cuarto は
「4分の1」

menos veinte
メノス　ベインテ
（40分）

y veinte （20分）
イ　ベインテ

menos veinticinco
メノス　ベインティシンコ
（35分）

y veinticinco（25分）
イ　ベインティシンコ

y media （30分）
イ　メディア

★ menos は
「マイナス」

★ media は「半分」

◆ 30分までは y（〜と）と「○分」の数字を付けます。30
分過ぎからは、menos（マイナス）と次の時刻までに残っ
ている「○分」の数字を付けます。「15分」「30分」「45分」
には特別な言い方があります。（※中南米では30分過ぎからの言い方
が異なります。）

今、1時10分です。
Ahora es la **una y diez**.
アオラ　エス　ラ　ウナ　イ　ディエス

4時15分です。
Son las **cuatro y cuarto**.
ソン　ラス　クアトロ　イ　クアルト

私は6時半に起きます。
Me levanto a las **seis y media**.
メ　レバント　ア　ラス　セイス　イ　メディア

電車は7時45分に出ます。
El tren sale a las **ocho menos cuarto**.
エル　トレン　サレ　ア　ラス　オチョ　メノス　クアルト

テーマ別基本単語

基本の表現

最重要単語

テーマ別基本単語

品詞別基本単語

今すぐ使いたい

さくいん

家族  🔊 14

familia ファミリア　名詞 女	家族
En mi **familia** somos cinco. エン　ミ　ファミリア　**ソ**モス　**シ**ンコ	うちは5人家族です。
padre パドレ　名詞 男	父親
Mi **padre** es profesor. ミ　パドレ　**エ**ス　プロフェ**ソ**ル	私の父は教師です。
★ papá とも言う。「両親」は padres になる。	
madre マドレ　名詞 女	母親
Mi **madre** es de Osaka. ミ　**マ**ドレ　**エ**ス　デ　オサカ	私の母は大阪出身です。
★ mamá とも言う。	
hijo / hija イホ　名詞 男 / イハ　名詞 女	息子／娘
Marta tiene dos **hijos** y una **hija**. マルタ　ティ**エ**ネ　ドス　**イ**ホス　イ　**ウ**ナ　**イ**ハ	マルタには息子2人と娘1人がいる。

hermano / hermana
エルマノ　名詞**男** / エルマナ　名詞**女**
兄弟／姉妹

Juán y Juana son **hermanos**.
フアン　イ　フアナ　ソン　エルマノス
フアンとフアナは兄妹です。

★ 区別することはあまりないが、「兄・姉」は hermano(a) mayor,「弟・妹」は hermano(a) menor。

tío / tía
ティオ　名詞**男** / ティア　名詞**女**
おじ／おば

sobrino / sobrina
ソブリノ　名詞**男** / ソブリナ　名詞**女**
おい／めい

abuelo / abuela
アブ**エ**ロ　名詞**男** / アブ**エ**ラ　名詞**女**
祖父／祖母

nieto / nieta
ニ**エ**ト　名詞**男** / ニ**エ**タ　名詞**女**
孫（男／女）

primo / prima
プリモ　名詞**男** / プリマ　名詞**女**
いとこ（男／女）

esposo / esposa
エスポソ　名詞**男** / エスポサ　名詞**女**
夫／妻

★「夫」のことは marido、「妻」のことは mujer とも言う。

❷ 人 🔊 15

niño / niña ニニョ 名詞 男 / ニニャ 名詞 女	子供（幼児）
chico / chica チコ 名詞 男 / チカ 名詞 女	男の子 ／女の子
★ muchacho / muchacha もよく使う。	
hombre オンブレ 名詞 男	男
mujer ムヘル 名詞 女	女
bebé ベベ 名詞 男	赤ん坊
amigo / amiga アミゴ 名詞 男 / アミガ 名詞 女	友達
enemigo / enemiga エネミゴ 名詞 男 / エネミガ 名詞 女	敵
Es importante conocer bien al **enemigo**. エス インポルタンテ コノセル ビエン アル エネミゴ	敵をよく知ることが大切だ。
compañero / compañera コンパニェロ 名詞 男 / コンパニェラ 名詞 女	仲間
Trabajo con tres **compañeros**. トラバホ コン トレス コンパニェロス	私は3人の同僚と働いている。
★ colega もよく使う。	

基本の表現

最重要単語

テーマ別基本単語

品詞別基本単語

今すぐ使いたい

さくいん

vecino / vecina
ベシノ　名詞 男 / ベシナ　名詞 女

隣人

Una de mis **vecinas** es japonesa.
ウナ　デ　ミス　ベ**シ**ナス　**エ**ス　ハポ**ネ**サ

隣人の女性の1人
は日本人です。

persona
ペル**ソ**ナ　名詞 女

人

Ella es buena **persona**.
エジャ　**エ**ス　ブ**エ**ナ　ペル**ソ**ナ

彼女はいい人だ。

★ 特定の人。女性名詞なので、男性のことを言及するときも、冠詞は la や
　una が付く。

gente
ヘンテ　名詞 女

人々

Me gusta la **gente** de esta ciudad.
メ　**グ**スタ　ラ　**ヘ**ンテ　デ　**エ**スタ　シウ**ダ**

私はこの街の人々
が好きだ。

★ 一般的な人。女性名詞なので、男性のことを言及するときも、冠詞は la
　や una が付く。

conmigo
コン**ミ**ゴ　副詞

私と

Mi gata está siempre **conmigo**.
ミ　**ガ**タ　エス**タ**　シ**エ**ンプレ　コン**ミ**ゴ

うちの猫はいつも
僕と一緒にいる。

contigo
コン**ティ**ゴ　副詞

君と

Quiero vivir **contigo** para siempre.
キ**エ**ロ　ビ**ビ**ル　コン**ティ**ゴ　パラ　シ**エ**ンプレ

永遠に君と一緒に
暮らしたい。

❸ 時間 (1) 🔊 16

hoy オイ 副詞	今日
¿A qué día estamos **hoy**? ア ケ ディア エスタモス オイ	今日は何日ですか？
★ ¿Qué fecha es hoy? ¿A qué estamos hoy? などの言い方もある。	

ayer アジェル 副詞	昨日
Ayer fuimos a un restaurante. アジェル フイモス ア ウン レスタウランテ	昨日私たちはレストランに行きました。

anoche アノチェ 副詞	昨夜
Anoche me acosté temprano. アノチェ メ アコステ テンプラノ	昨晩、私は早く床に就きました。

mañana マニャナ 副詞／名詞 **女**	① 明日 ② 朝
①Va a llover **mañana**. バ ア ジョベル マニャナ	明日は雨が降るだろう。
②Son las nueve de la **mañana**. ソン ラス ヌエベ デ ラ マニャナ	午前9時です。

día ディア 名詞 **男**	日
El **día** 15 es mi cumpleaños. エル ディア キンセ エス ミ クンプレアニョス	15日は僕の誕生日だ。

☐	**noche** ノチェ　名詞 **女**	夜
	¿Tienes una cita esta **noche**? ティ**エ**ネス　ウナ　**シ**タ　**エ**スタ　**ノ**チェ	今夜デートがある の？
☐	**tarde** **タ**ルデ　名詞 **女**／副詞	① 午後 ② 遅くに
	① Esta **tarde** voy a la escuela. **エ**スタ　**タ**ルデ　**ボ**イ　ア　ラ　エスク**エ**ラ	今日の午後は私は 学校に行く。
	② Ya es muy **tarde**. ジャ　**エ**ス　**ム**イ　**タ**ルデ	もうずいぶん遅い 時間だ。
☐	**temprano** テンプ**ラ**ノ　副詞	早くに
	Mi hermana se levanta muy **temprano**. ミ　エル**マ**ナ　セ　レ**バ**ンタ　**ム**イ　テンプ**ラ**ノ	私の妹はとても早く 起きる。
☐	**ahora** ア**オ**ラ　副詞	今
	Julieta no está **ahora** en la oficina. フリ**エ**タ　ノ　エス**タ**　ア**オ**ラ　エン　ラ　オフィ**シ**ナ	フリエタは今、オ フィスにいません。

基本の表現

最重要単語

テーマ別基本単語

品詞別基本単語

今すぐ使いたい

さくいん

❹ 感覚・認知 🔊 17

calor カロル　名詞 男	暑さ
Hoy no hace mucho **calor**. オイ　ノ　アセ　ムチョ　カロル	今日はそんなに暑くない。
frío フリオ　名詞 男	寒さ
¿Vosotros no tenéis **frío**? ボソトロス　ノ　テネイス　フリオ	君たちは寒くないの？

★ Hace calor/frío. は一般的な暑さ・寒さを言う。Hoy hace frío.（今日は寒い）それに対して、tener calor/frío. は体感としての暑さ・寒さを表す。

sueño スエニョ　名詞 男	眠気
Ya me voy. Tengo **sueño**... ジャ　メ　ボイ　テンゴ　スエニョ	もう行くよ。眠いし……。

★「夢・願望」の意味もある。

sed セ　名詞 女	渇き
Tengo mucha **sed**. テンゴ　ムチャ　セ	のどがカラカラだ。
hambre アンブレ　名詞 女	空腹
No tengo **hambre**. ノ　テンゴ　アンブレ	お腹はすいていません。

doler
ドレル　動詞 — 痛む

Todavía me **duele** la cabeza.
トダビア　メ　ドゥ**エ**レ　ラ　カベサ — まだ頭が痛い。

ver
ベル　動詞 — 見る

Os **veo** muy bien.
オス　**ベ**オ　**ム**イ　ビ**エ**ン — 君たちは元気そうだね。

mirar
ミラル　動詞 — 見る

Mira, ahí está nuestro profesor.
ミラ　ア**イ**　エス**タ**　ヌエストロ　プロフェ**ソ**ル — ほら、あそこに先生がいるよ。

★ mirar は「しっかり見ること」。命令形の場合は、注意を引くための呼びかけになる。

oír
オイル　動詞 — 聞こえる

Oigo las voces de los niños.
オイゴ　ラス　**ボ**セス　デ　ロス　**ニ**ニョス — 子供たちの声が聞こえる。

oler
オレル　動詞 — 匂う

Huele a comida.
ウ**エ**レ　ア　コ**ミ**ダ — 食べ物の匂いがします。

❺ 言う・話すなど 🔊 18

decir デシル 動詞	言う
Tenéis que **decir** la verdad. テネイス ケ デシル ラ ベルダ	君たちは本当のことを言わなきゃいけないよ。
hablar アブラル 動詞	話す
¿Puedes **hablar** de ti? プエデス アブラル デ ティ	君のことを話してくれる？
escuchar エスクチャル 動詞	聞く
Escúchame, por favor. エスクチャメ ポル ファボル	僕の話を聞いてください。
enseñar エンセニャル 動詞	教える
Mi tía me **enseñó** muchas cosas cuando yo era niño. ミ ティア メ エンセニョ ムチャス コサス クアンド ジョ エラ ニニョ	子供の頃、おばは僕にたくさんのことを教えてくれた。
escribir エスクリビル 動詞	書く
Le he **escrito** varias veces a ella, pero nunca me contestó. レ エ エスクリト バリアス ベセス ア エジャ ペロ ヌンカ メ コンテスト	彼女に何度も手紙を書いたけど、一度も返事はなかった。

❻ 一日の生活 ◀»19

levantarse レバン**タ**ルセ　動詞	起き上がる
Me levanto muy temprano todas las mañanas. メ　レバント　**ムイ**　テンプ**ラ**ノ　**ト**ダス　ラス　マ**ニャ**ナス	私は毎朝とても早く起きます。
ducharse ドゥ**チャ**ルセ　動詞	シャワーを浴びる
Primero voy al baño para **ducharme**. プリメロ　**ボイ**　アル　**バ**ニョ　バラ　ドゥ**チャ**ルメ	まずシャワーを浴びにバスルームに行きます。
▶ 関連語句：ducha（シャワー）	
lavarse ラ**バ**ルセ　動詞	（自分の体などを） 洗う
Lávate las manos. **ラ**バテ　ラス　**マ**ノス	手を洗いなさい。
peinarse ペイ**ナ**ルセ　動詞	髪を整える
¿Por qué no **te peinas** antes de salir? ポル　**ケ**　ノ　テ　**ペ**イナス　**アン**テス　デ　サ**リ**ル	出かける前に髪を整えたら？
afeitarse アフェイ**タ**ルセ　動詞	ヒゲを剃る
Me afeito a diario. メ　ア**フェ**イト　ア　ディ**ア**リオ	私は毎日ヒゲを剃る。

基本の表現

最重要単語

テーマ別基本単語

品詞別基本単語

今すぐ使いたい

さくいん

despertarse
デスペル**タ**ルセ　動詞

目を覚ます

Despiértate ya. Son las nueve.
デスピ**エ**ルタテ　**ジャ**　**ソン**　ラス　ヌ**エ**ベ

もう起きなさい。9時ですよ。

★ despertar のみだと「誰か他の人を起こす」という意味になる。

sentarse
セン**タ**ルセ　動詞

座る

Siéntese aquí.
シ**エ**ンテセ　ア**キ**

ここに座ってください。

bañarse
バ**ニャ**ルセ　動詞

入浴する

Me baño después de la cena.
メ　バ**ニョ**　デスプ**エ**ス　デ　ラ　**セ**ナ

私は夕食の後、お風呂に入ります。

cambiarse
カンビ**ア**ルセ　動詞

着替える

¡Uy! Tengo que **cambiarme** deprisa.
ウイ　**テ**ンゴ　ケ　カンビ**ア**ルメ　デプ**リ**サ

おっと！　早く着替えなきゃ。

cepillarse
セピ**ジャ**ルセ　動詞

歯を磨く

Me cepillo los dientes dos veces al día.
メ　セ**ピ**ジョ　ロス　ディ**エ**ンテス　**ド**ス　**ベ**セス　アル　**ディ**ア

私は1日2回、歯を磨く。

❼ 食事 🔊 20

☐ **comer** コメル 動詞	食べる
Hola, ¿ya has **comido**? オラ ジャ アス コミド	やあ、もうご飯食べた？
☐ **comida** コミダ 名詞 **女**	① 食べ物 ② 昼食
① ¿Cuál es tu **comida** favorita? クアル エス トゥ コミダ ファボリタ	君の好きな食べ物は何？
② Voy a tener una **comida** con ella. ボイ ア テネル ウナ コミダ コン エジャ	彼女と一緒にお昼を食べよう。
☐ **beber** ベベル 動詞	飲む
¿Quieres algo para **beber**, Elena? キエレス アルゴ パラ ベベル エレナ	エレナ、何か飲む？
☐ **bebida** ベビダ 名詞 **女**	飲み物
¿Qué tipo de **bebidas** tienen? ケ ティポ デ ベビダス ティエネン	飲み物はどんなものがありますか？
☐ **desayuno** デサジュノ 名詞 **男**	朝食
Esta mañana no tuve tiempo para el **desayuno**. エスタ マニャナ ノ トゥベ ティエンポ パラ エル デサジュノ	今朝は朝ごはんを食べる時間がなかったんだ。

基本の表現

最重要単語

テーマ別基本単語

品詞別基本単語

今すぐ使いたい

さくいん

55

desayunar
デサジュナル　動詞

朝食をとる

Es importante **desayunar**.
エス　インポルタンテ　デサジュナル

朝食をとることは大切だよ。

almuerzo
アルムエルソ　名詞男

昼食

Entonces comeré mucho para el **almuerzo**.
エントンセス　コメレ　ムチョ　パラ　エル　アルムエルソ

じゃあ、昼ごはんはたくさん食べよう。

almorzar
アルモルサル　動詞

昼食をとる

Después de **almorzar**, ¿qué haces, Sergio?
デスプエス　デ　アルモルサル　ケ　アセス　セルヒオ

セルヒオは、お昼を食べた後は何をするの？

cena
セナ　名詞女

夕食

Tengo que regresar antes de la **cena**.
テンゴ　ケ　レグレサル　アンテス　デ　ラ　セナ

夕食までに戻らなければいけない。

cenar
セナル　動詞

夕食をとる

El profesor me invitó a **cenar**.
エル　プロフェソル　メ　インビト　ア　セナル

先生が夕食を食べるのに招待してくれました。

❽ 肉・魚 🔊 21

---

carne
カルネ　名詞 🟡

肉

| Quiero comer **carne** para la cena de hoy. | 今日の夕食には肉が食べたい。 |
| キエロ　コメル　**カルネ**　パラ　ラ　**セ**ナ　デ　**オ**イ | |

---

pollo
ポジョ　名詞 🔵

鶏肉

| Quiero comer caldo de **pollo**. | チキンスープが飲みたいです。 |
| キエロ　コメル　**カ**ルド　デ　**ポ**ジョ | |

▶ 関連語句：gallina（雌鶏）

---

cerdo
セルド　名詞 🔵

豚肉

| Me gusta más la carne de **cerdo**. | 私は豚肉がいちばん好きです。 |
| メ　**グ**スタ　**マ**ス　ラ　**カ**ルネ　デ　**セ**ルド | |

★ 豚肉には carne de puerco, carne de cochino などの言い方もある。

---

ternera
テル**ネ**ラ　名詞 🟡

子牛の肉

| Está rico este filete de **ternera**. | このビーフステーキはおいしい。 |
| エス**タ**　**リ**コ　**エ**ステ　フィ**レ**テ　デ　テル**ネ**ラ | |

★ 牛肉には carne de res, carne bovina などの言い方もある。
▶ 関連語句：toro（雄牛）, vaca（雌牛）

基本の表現　最重要単語　テーマ別基本単語　品詞別基本単語　今すぐ使いたい　さくいん

テーマ別基本単語

cordero
コルデロ　名詞 男

ラム

En España se come mucho **cordero**.
エン　エスパニャ　セ　コメ　ムチョ　コルデロ

スペインではラム肉をよく食べる。

conejo
コネホ　名詞 男

ウサギ

Este **conejo** al ajillo está muy rico.
エステ　コネホ　アル　アヒジョ　エスタ　ムイ　リコ

このウサギのアヒージョはすごく美味しいなあ。

pescado
ペスカド　名詞 男

魚

Me gusta más el **pescado** que la carne.
メ　グスタ　マス　エル　ペスカド　ケ　ラ　カルネ

私は肉より魚が好きです。

merluza
メルルサ　名詞 女

メルルーサ

El segundo plato es la **merluza** en salsa.
エル　セグンド　プラト　エス　ラ　メルルサ　エン　サルサ

2皿目はメルルーサのソースがけです。

★ merluza はタラの一種で、スペインではとてもよく食べられる魚。

atún
アトゥン　名詞 男

マグロ

No se vende **atún** de lata en la pescadería.
ノ　セ　ベンデ　アトゥン　デ　ラタ　エン　ラ　ペスカデリア

魚屋にツナ缶は売ってないよ。

camarón

カマロン　名詞男

エビ

¿Cuál es el lugar de origen de este **camarón**?

このエビの産地はどこですか？

クアル　**エ**ス　エル　ル**ガ**ル　デ　オリ**ヘ**ン　デ　**エ**ステ　カマ**ロ**ン

pulpo

プルポ　名詞男

タコ

calamar

カラマル　名詞男

イカ

gamba

ガンバ　名詞女

エビ

★ スペインでは camarón は小エビを指す。中南米では camarón は中型のエビから小エビまで広く使用される。

huevo

ウエボ　名詞男

卵

jamón

ハモン　名詞男

ハム

▶関連語句：jamón serrano（生ハム）

chorizo

チョリソ　名詞男

チョリソ

⑨ 野菜・果物・乳製品 🔊 22

verdura ベル**ドゥ**ラ　名詞 女	野菜
Tengo que comprar muchas **verduras**. テンゴ ケ コンプラル ムチャス ベル**ドゥ**ラス	野菜をたくさん買わなくちゃ。

tomate ト**マ**テ　名詞 男	トマト
Me da un kilo de **tomate**, por favor. メ ダ ウン キロ デ ト**マ**テ ポル ファボル	トマトを1キロください。
★ メキシコなど、一部では jitomate と言う。	

patata パ**タ**タ　名詞 女	じゃがいも
Esta es la sopa de **patatas**. エスタ エス ラ ソパ デ パ**タ**タス	これはじゃがいものスープです。
★ 中南米では papa と言う。	

cebolla セボジャ　名詞 女	たまねぎ
Necesitas medio kilo de **cebolla**. ネセ**シ**タス メディオ キロ デ セボジャ	たまねぎは 500g 必要ですね。

zanahoria
サナオリア　名詞🚺

にんじん

¿Cuánto cuesta la **zanahoria**?
クアント　クエスタ　ラ　サナ**オ**リア

にんじんはいくらで
すか？

fruta
フルタ　名詞🚺

果物

Voy a comprar algunas **frutas** para mi novio.
ボイ　ア　コンプ**ラ**ル　アル**グ**ナス　フル**タ**ス　**パ**ラ　ミ　**ノ**ビオ

彼氏にいくつか果物
を買っていきます。

naranja
ナランハ　名詞🚺

オレンジ

Le gustan mucho las **naranjas**.
レ　**グ**スタン　**ム**チョ　ラス　ナ**ラ**ンハス

彼はオレンジが大好
きです。

▶ 関連語句：mandarina（ミカン）

manzana
マンサナ　名詞🚺

リンゴ

¿Cuánto es la naranja? ¿Y la **manzana**?
ク**ア**ント　**エ**ス　ラ　ナ**ラ**ンハ　イ　ラ　マン**サ**ナ

オレンジはいくらで
すか？　あと、リン
ゴは？

plátano プラタノ　名詞 男		バナナ
Estos **plátanos** están todavía muy verdes. **エ**ストス　プ**ラ**タノス　エス**タ**ン　トダ**ビ**ア　**ム**イ　ベル**デ**ス		このバナナはまだずいぶん青い。
fresa フ**レ**サ　名詞 女		イチゴ
arroz ア**ロ**ス　名詞 男		米
ajo **ア**ホ　名詞 男		ニンニク
queso **ケ**ソ　名詞 男		チーズ
mantequilla マンテ**キ**ジャ　名詞 女		バター
mermelada メルメ**ラ**ダ　名詞 女		ジャム

hora オラ 名詞⊕	時間
¿A qué **hora** sale el último tren? ア ケ オラ サレ エル ウルティモ トレン	終電は何時ですか？
minuto ミヌト 名詞⊕	分
¿Cuántos **minutos** se tarda para llegar a Lima? クアントス ミヌトス セ タルダ パラ ジェガル ア リマ	リマまで何分かかりますか？
segundo セグンド 名詞⊕	秒
Espere un **segundo**, por favor. エスペレ ウン セグンド ポル ファボル	少々お待ちください。 （定型表現）
semana セマナ 名詞⊕	週
La universidad va a cerrar la **semana** que viene. ラ ウニベルシダ バ ア セラル ラ セマナ ケ ビエネ	来週、大学は休みです。
mes メス 名詞⊕	月
Hay mucho trabajo este **mes**. アイ ムチョ トラバホ エステ メス	今月はたくさん仕事がある。

基本の表現

最重要単語

テーマ別基本単語

品詞別基本単語

今すぐ使いたい

さくいん

año アニョ　名詞男	① 年 ② (年齢としての) 年
① El próximo **año** voy a ir a Cuba. エル プロクシモ アニョ ボイ ア イル ア クバ	来年、僕はキューバへ行く。
② Rubí tiene un **año**. ルビ ティエネ ウン アニョ	ルビーは1歳です。

lunes ルネス　名詞男	月曜日
▶ 関連語句：luna（月）	

martes マルテス　名詞男	火曜日

miércoles ミエルコレス　名詞男	水曜日

jueves フエベス　名詞男	木曜日

viernes ビエルネス　名詞男	金曜日

sábado サバド　名詞男	土曜日

domingo ドミンゴ　名詞男	日曜日

⓫ メニュー・料理名 🔊 24

menú
メヌ　名詞男

メニュー

¿Cuál es el menú del día?
クアル　エス　エル　メヌ　デル　ディア

日替わりメニューはなん
ですか？

plato
プラト　名詞男

皿

¿Qué vas a pedir para el primer plato?
ケ　バス　ア　ペディル　パラ　エル　プリメル　プラト

一皿目は何にしますか。

★「料理」の意味もある。

sopa
ソパ　名詞女

スープ

¿Queréis otra sopa?
ケレイス　オトラ　ソパ

君たち、スープのおかわ
りはどう？

★具を煮込んだスープなどは caldo と言う。

ensalada
エンサラダ　名詞女

サラダ

La ensalada no viene todavía.
ラ　エンサラダ　ノ　ビエネ　トダビア

サラダがまだ来ない。

pan
パン　名詞男

パン

¿Le sirvo más pan?
レ　シルボ　マス　パン

パンのおかわりはいかが
ですか？

基本の表現

最重要単語

テーマ別基本単語

品詞別基本単語

今すぐ使いたい

さくいん

65

paella
パエジャ　名詞女

バエリア

Me gusta esta **paella** con gambas.
メ　**グ**スタ　**エ**スタ　パ**エ**ジャ　コン　**ガ**ンバス

私はこのエビ入りのパエリアが気に入った。

tortilla
トル**ティ**ジャ　名詞女

スペイン風オムレツ

¿Sabes cómo se hace la **tortilla**?
サベス　**コ**モ　セ　**ア**セ　ラ　トル**ティ**ジャ

スペイン風オムレツの作り方を知っていますか？

★ 中南米ではとうもろこしの粉や小麦粉を練って焼いたものを表す。

bocadillo
ボカ**ディ**ジョ　名詞男

ボカディージョ
（バゲットサンド）

Los **bocadillos** de esta tienda están muy buenos.
ロス　ボカ**ディ**ジョス　デ　**エ**スタ　ティ**エ**ンダ　エス**タ**ン　**ム**イ　ブ**エ**ノス

この店のボカディージョはとてもおいしい。

★ フランスパンのようなパンで作ったサンドイッチのこと。

postre
ポストレ　名詞男

デザート

Tráigame el **postre**.
ト**ラ**イガメ　エル　**ポ**ストレ

デザートを持ってきてください。

helado
エ**ラ**ド　名詞男

アイスクリーム

Te invito a un **helado** de fresa.
テ　イン**ビ**ト　ア　**ウ**ン　エ**ラ**ド　デ　フ**レ**サ

イチゴのアイスクリームをおごるよ。

⓬ 飲み物・菓子 🔊25

基本の表現

最重要単語

テーマ別基本単語

品詞別基本単語

今すぐ使いたい

さくいん

agua
アグア　名詞 女

水

Una botella de **agua** mineral cuesta un euro.
ウナ　ボテジャ　デ　アグア　ミネラル　クエスタ　ウン　エウロ

ミネラルウォーター1本は1ユーロです。

★ミネラルウォーターは炭酸入り（con gas）が多い。炭酸が入らないものは sin gas と言う。

café
カフェ　名詞 男

コーヒー

Tomo un **café** con leche.
トモ　ウン　カフェ　コン　レチェ

私はカフェオレにします。

té
テ　名詞 男

お茶

¿Quiere tomar un **té** helado?
キエレ　トマル　ウン　テ　エラド

アイスティーをお持ちしましょうか？

leche
レチェ　名詞 女

牛乳

Tomo un vaso de **leche** cada mañana.
トモ　ウン　バソ　デ　レチェ　カダ　マニャナ

毎朝コップ1杯のミルクを飲みます。

cerveza
セルベサ　名詞 女

ビール

Dos **cervezas**, por favor.
ドス　セルベサス　ポル　ファボル

ビール2本、お願いします。

vino
ビノ　名詞男

ワイン

¿Qué **vino** me recomienda usted?
ケ　ビノ　メ　レコミエンダ　ウステ

ワインは何がおすすめ
ですか？

hielo
イエロ　名詞男

氷

¿Me puede echar unos **hielos** al zumo?
メ　プエデ　エチャル　ウノス　イエロス　アル　スモ

ジュースにちょっと
氷を入れてもらっても
いいですか？

zumo
スモ　名詞男

ジュース

Sabe raro este **zumo**. ¿De qué está hecho?
サベ　ラロ　エステ　スモ　デ　ケ　エスタ　エチョ

このジュースは変わっ
た味ですね。何が入っ
ているんですか？

★中南米では jugo と言う。

chocolate
チョコラテ　名詞男

チョコレート

¿Te has comido mi **chocolate**?
テ　アス　コミド　ミ　チョコラテ

私のチョコレート食べ
ちゃったの？

★飲み物（ココア）のことも chocolate と言う。

galleta
ガジェタ　名詞女

クッキー

Me encantan las **galletas**.
メ　エンカンタン　ラス　ガジェタス

私はクッキーが大好き
です。

基本の表現

最重要単語

テーマ別基本単語

品詞別基本単語

今すぐ使いたい

さくいん

⓭ 調味料・味 🔊 26

azúcar
アスカル 名詞男

砂糖

¿Le pongo **azúcar** al café?
レ **ポ**ンゴ ア**ス**カル アル カ**フェ**

コーヒーにお砂糖を入れましょうか？

sal
サル 名詞女

塩

Pásame la **sal**, por favor.
パサメ ラ **サ**ル ポル ファ**ボ**ル

塩をとってください。

salsa
サルサ 名詞女

サルサ（ソース）

¿Quieres más **salsa**?
キ**エ**レス **マ**ス **サ**ルサ

サルサ、もっと使う？

aceite
ア**セ**イテ 名詞男

油

Ahora echamos un poco de **aceite** de oliva.
ア**オ**ラ エ**チャ**モス **ウ**ン **ポ**コ デ ア**セ**イテ デ オ**リ**バ

ここでオリーブオイルを少し入れましょう。

rico / rica
リコ / **リ**カ 形容詞

おいしい

Ay, qué **rica** la sopa. Quiero más.
アイ **ケ** **リ**カ ラ **ソ**バ キ**エ**ロ **マ**ス

うわあ、おいしいスープですね。もっとほしいな。

★「裕福な」の意味もある。

69

delicioso / deliciosa デリシ**オ**ソ / デリシ**オ**サ　形容詞	おいしい
Esta es la paella más **deliciosa** del mundo. **エ**スタ　**エ**ス　ラ　パ**エ**ジャ　**マ**ス　デリシ**オ**サ　デル　**ム**ンド	これは世界一おいしいパエリアです。

dulce **ドゥ**ルセ　形容詞	甘い
¿El postre está demasiado **dulce**? エル　**ポ**ストレ　エス**タ**　デマシ**ア**ド　**ドゥ**ルセ	デザートが甘すぎますか？
★「お菓子」の意味もある。	

salado / salada サ**ラ**ド / サ**ラ**ダ　形容詞	塩からい
Este caldo está muy **salado**. No puedo comérmelo. **エ**ステ　**カ**ルド　エス**タ**　**ム**イ　サ**ラ**ド　ノ　プ**エ**ド　コ**メ**ルメロ	このスープ、めちゃめちゃしょっぱい。食べられないよ。

ácido / ácida **ア**シド / **ア**シダ　形容詞	酸っぱい
Esta fresa está muy **ácida**. **エ**スタ　フ**レ**サ　エス**タ**　**ム**イ　**ア**シダ	このイチゴはとても酸っぱい。

amargo / amarga ア**マ**ルゴ / ア**マ**ルガ　形容詞	苦い
Las buenas medicinas están **amargas**. ラス　ブ**エ**ナス　メディ**シ**ナス　エス**タ**ン　ア**マ**ルガス	良薬は口に苦し。

基本の表現

最重要単語

テーマ別基本単語

品詞別基本単語

今すぐ使いたい

さくいん

⓮ 食器など 🔊 27

cuchara クチャラ 名詞 女	スプーン
cuchillo クチジョ 名詞 男	ナイフ
tenedor テネドル 名詞 男	フォーク
servilleta セルビジェタ 名詞 女	紙ナプキン
copa コパ 名詞 女	グラス
vaso バソ 名詞 男	コップ
taza タサ 名詞 女	カップ
jarra ハラ 名詞 女	ピッチャー
botella ボテジャ 名詞 女	ボトル

lata ラタ　名詞 **女**	缶
receta レセタ　名詞 **女**	レシピ
cuenta クエンタ　名詞 **女**	勘定

★ 一般的に、会計はテーブルで行われる。

⑮ 街・店　 28

ciudad シウダ　名詞 **女**	都市
Nueva York es una **ciudad** enorme. ヌエバ　ジョルク　エス　ウナ　シウダ　エノルメ	ニューヨークは巨大な都市です。
banco バンコ　名詞 **男**	銀行
El **banco** está muy cerca de la estación. エル　バンコ　エスタ　ムイ　セルカ　デ　ラ　エスタシオン	銀行は駅のすぐ近くにある。

hospital
オスピタル　名詞男

病院

No hay ningún **hospital** grande en esta ciudad.
ノ アイ ニングン オスピタル グランデ エン エスタ シウダ

この街には大きな病院はありません。

farmacia
ファルマシア　名詞女

薬局

La **farmacia** está dentro de este edificio.
ラ ファルマシア エスタ デントロ デ エステ エディフィシオ

薬局はこの建物の中にある。

iglesia
イグレシア　名詞女

教会

¿Dónde está la **iglesia** de los Jerónimos?
ドンデ エスタ ラ イグレシア デ ロス ヘロニモス

聖ジェロニモ教会はどこですか？

cafetería
カフェテリア　名詞女

カフェ

Esta **cafetería** tiene un buen ambiente.
エスタ カフェテリア ティエネ ウン ブエン アンビエンテ

このカフェは雰囲気がいいね。

tienda
ティエンダ　名詞女

店

★ 日本語ではレストランなども「店」と呼ぶが、スペイン語の tienda は通常、飲食店のことは含まない。

verdulería

ベルドゥレ**リ**ア　名詞 女

八百屋

El chico de esa **verdulería** es simpático.

エル **チ**コ デ **エ**サ ベルドゥレ**リ**ア **エ**ス シン**パ**ティコ

あの八百屋の青年は感じがいい。

frutería

フル**テ**リア　名詞 女

果物屋

¿Quieres comprar unas manzanas en la **frutería**?

キ**エ**レス コンプ**ラ**ル **ウ**ナス マン**サ**ナス エン ラ フル**テ**リア

果物屋でリンゴをいくつか買ってきてくれる？

carnicería

カルニセ**リ**ア　名詞 女

肉屋

También tengo que pasar por la **carnicería**.

タンビ**エ**ン **テ**ンゴ ケ パ**サ**ル ポル ラ カルニセ**リ**ア

肉屋にも寄らなきゃ。

almacén

アルマ**セ**ン　名詞 男

デパート

★ tienda departamental とも言う。

museo

ム**セ**オ　名詞 男

博物館、美術館

biblioteca

ビブリオ**テ**カ　名詞 女

図書館

estadio エスタディオ　名詞男	スタジアム
ayuntamiento アジュンタミエント　名詞男	市庁舎
restaurante レスタウランテ　名詞男	レストラン
bar バル　名詞男	バー
panadería パナデリア　名詞女	パン屋
peluquería ペルケリア　名詞女	理髪店
librería リブレリア　名詞女	本屋
mercado メルカド　名詞男	市場
supermercado スペルメルカド　名詞男	スーパーマーケット

基本の表現

最重要単語

テーマ別基本単語

品詞別基本単語

今すぐ使いたい

さくいん

⓰ 買い物 ◀》29

comprar コンプラル　動詞	買う
Quiero **comprar** ropas pero no tengo dinero. キ**エ**ロ　コンプ**ラ**ル　**ロ**パス　ペロ　ノ　**テ**ンゴ　ディ**ネ**ロ	服を買いたいが、お金がない。
compra コンプラ　名詞**女**	買い物
Ahora voy a salir de **compras**. ア**オ**ラ　**ボ**イ　ア　サ**リ**ル　デ　**コ**ンプラス	これから買い物に出かけます。
vender ベンデル　動詞	売る
Venden mascarillas en cualquier tienda. ベンデン　マスカ**リ**ジャス　エン　クアルキ**エ**ル　ティ**エ**ンダ	どの店でもマスクは売っています。
pagar パガル　動詞	支払う
Hay que **pagar** uno a uno. **ア**イ　ケ　パ**ガ**ル　**ウ**ノ　ア　**ウ**ノ	一人ずつ支払いをしなければいけない。
efectivo エフェク**ティ**ボ　名詞**男**	現金
¿Se puede pagar en **efectivo**? セ　プ**エ**デ　パ**ガ**ル　エン　エフェク**ティ**ボ	現金で払えますか？

caja
カハ　名詞❷

レジ

La **caja** está abajo.
ラ　**カ**ハ　エス**タ**　ア**バ**ホ

レジは下の階です。

★「箱」の意味もある。

regalo
レ**ガ**ロ　名詞❸

プレゼント

Te doy un **regalo**.
テ　**ド**イ　**ウン**　レ**ガ**ロ

君にプレゼントをあげる。

★「土産」という意味にもなる。➡ PARTE 5「買い物」参照

rebaja
レ**バ**ハ　名詞❷

セール

¿Cuándo empiezan las **rebajas** de otoño?
ク**アン**ド　エンピ**エ**サン　ラス　レ**バ**ハス　デ　オ**ト**ニョ

秋のセールはいつから始まりますか？

recibo
レ**シ**ボ　名詞❸

レシート

No necesito **recibo**.
ノ　ネセ**シ**ト　レ**シ**ボ

レシートは要りません。

基本の表現

最重要単語

テーマ別基本単語

品詞別基本単語

今すぐ使いたい

さくいん

⑰ お金 🔊 30

dinero ディネロ　名詞男	お金
precio プレシオ　名詞男	価格
caro / cara カロ / カラ　形容詞	高い
Los pisos de esta zona no son **caros**. ロス ピソス デ エスタ ソナ ノ ソン カロス	このあたりのアパートは高くない。
barato / barata バラト / バラタ　形容詞	安い
Las frutas son muy **baratas** en México. ラス フルタス ソン ムイ バラタス エン メヒコ	メキシコではフルーツがとても安い。
euro エウロ　名詞男	ユーロ
El precio es más o menos treinta **euros**. エル プレシオ エス マス オ メノス トレインタ エウロス	値段は 30 ユーロくらいです。
peso ペソ　名詞男	ペソ
★旧スペイン領の国々で使われている通貨単位。使用している国は、メキシコ、キューバ、コロンビア、アルゼンチン、チリ、フィリピンなど。	
yen ジェン　名詞男	円

dólar
ドラル　名詞男
ドル

moneda
モネダ　名詞女
硬貨

★ 通貨そのものを指すこともある。　▶「紙幣」➡ billete

céntimo
センティモ　名詞男
センティモ

★ ほとんどの中南米の国では centavo（センターボ）を使う。

cambiar
カンビアル　動詞
両替する

Tengo que **cambiar** yenes a euros.
テンゴ ケ カンビアル ジェネス ア エウロス
円をユーロに替えなければいけない。

cambio
カンビオ　名詞男
両替、おつり

La casa de **cambio** está allí.
ラ カサ デ カンビオ エスタ アジ
両替所は向こうです。

deuda
デウダ　名詞女
借金

pobre
ポブレ　形容詞
貧しい

Él era muy **pobre**, pero ahora es millonario.
エル エラ ムイ ポブレ ペロ アオラ エス ミジョナリオ
彼はとても貧しかったが、今は大金持ちだ。

★「かわいそう」の意味もある。　▶「裕福な」➡ rico

⑱ 通り・区画 🔊31

calle カジェ　名詞女	道
Esta **calle** sigue hasta la avenida principal. エスタ **カジェ** **シ**ゲ アスタ ラ アベニダ プリンシ**パ**ル	この道は主要道路まで続いている。
camino カミノ　名詞男	通り
Vi a mi primo en el **camino**. ビ ア ミ **プ**リモ エン エル カ**ミ**ノ	通りで従兄弟と会った。
avenida アベニダ　名詞女	大通り
La **avenida** estaba llena de gente. ラ アベ**ニ**ダ エス**タ**バ **ジェ**ナ デ **ヘ**ンテ	大通りは人であふれていた。
carretera カレテラ　名詞女	自動車道
La **carretera** pasa alrededor de la ciudad. ラ カレ**テ**ラ **パ**サ アルレデ**ド**ル デ ラ シウ**ダ**	自動車道が都市の周囲を走っている。
esquina エス**キ**ナ　名詞女	角
¿Conoce usted la panadería de aquella **esquina**? コ**ノ**セ ウス**テ** ラ パナデ**リ**ア デ アケ**ジャ** エス**キ**ナ	あの角にあるパン屋をご存じですか？

barrio
バリオ　名詞 男

地区

Hay algunos edificios importantes en este **barrio**.
アイ　アル**グ**ノス　エディ**フィ**シオス　インポル**タ**ンテス　エン　**エ**ステ　バリオ

この地区にはいくつか重要な建物がある。

centro
セントロ　名詞 男

中心部

Ese restaurante está en el **centro** de la ciudad.
エセ　レスタウ**ラ**ンテ　エス**タ**　エン　エル　**セ**ントロ　デ　ラ　シ**ウダ**

そのレストランは街の中心部にあります。

plaza
プ**ラ**サ　名詞 女

広場

parque
パルケ　名詞 男

公園

parada
パ**ラ**ダ　名詞 女

停留所

▶ 関連語句：parada de autobús（バス停）、parada de taxis（タクシー乗り場）

puente
プ**エ**ンテ　名詞 男

橋

⑲ 建物 ◀)) 32

edificio エディフィシオ 名詞男	建物
Dentro de este **edificio** hay muchas tiendas. デントロ デ エステ エディフィシオ アイ ムチャス ティエンダス	この建物の中には多くのお店がある。
arquitecto / arquitecta アルキテクト 名詞男 / アルキテクタ 名詞女	建築家
Su padre es un **arquitecto** famoso. ス パドレ エス ウン アルキテクト ファモソ	彼の父親は有名な建築家です。
palacio パラシオ 名詞男	宮殿
¿Cómo se puede ir al **Palacio** Real? コモ セ プエデ イル アル パラシオ レアル	王宮まではどのように行けばいいですか？
castillo カスティジョ 名詞男	城
Mucha gente visita el **castillo**. ムチャ ヘンテ ビシタ エル カスティジョ	たくさんの人がお城を訪れます。
monumento モヌメント 名詞男	記念碑
El **monumento** se encuentra dentro del parque. エル モヌメント セ エンクエントラ デントロ デル パルケ	記念碑は公園の中に建っています。

estatua

エス**タ**トゥア　名詞 🔘

¿Esta es la **estatua** de Colón?
エスタ　**エ**ス　ラ　エス**タ**トゥア　デ　コ**ロン**

この像はコロンブスのものですか？

catedral

カテド**ラル**　名詞 🔘

Aquella **catedral** tiene una larga historia.
ア**ケ**ジャ　カテド**ラル**　ティ**エ**ネ　**ウ**ナ　**ラ**ルガ　イス**ト**リア

あの大聖堂には長い歴史があります。

fábrica

ファブリカ　名詞 🔘

Trabajaba en esta **fábrica**.
トラバ**ハ**バ　エン　**エ**スタ　**ファ**ブリカ

この工場で働いていました。

escalera

エスカ**レラ**　名詞 🔘

Subo por la **escalera** para cuidar mi salud.
スボ　**ポ**ル　ラ　エスカ**レラ**　**パ**ラ　クイ**ダ**ル　ミ　**サ**ル

健康のために階段で上がります。

★「エスカレーター」は escalera mecánica などとも言うが、たいていはそのまま escalera と呼ばれる。また、「はしご」のことも escalera と言う。

ascensor

アセン**ソル**　名詞 🔘

Puedes usar el **ascensor** del fondo del edificio.
プ**エ**デス　ウ**サ**ル　エル　アセン**ソル**　デル　**フォ**ンド　デル
エディ**フィ**シオ

建物の奥のエレベーターを使えますよ。

★ 中南米では elevador を使う。

	像
	大聖堂
	工場
	階段
	エレベーター

⓴ 乗り物・交通 🔊33

autobús アウトブス　名詞**男**	バス
¿Este **autobús** va a la estación? エステ　アウトブス　バ　ア　ラ　エスタシオン	このバスは駅まで行きますか？
taxi タクシ　名詞**男**	タクシー
Cogemos [Tomamos] un **taxi**, ¿no? コヘモス [トマモス]　ウン　タクシ　ノ	タクシー拾おうよ？
metro メトロ　名詞**男**	地下鉄
La taquilla del **metro** está cerca de la entrada. ラ　タキジャ　デル　メトロ　エスタ　セルカ　デ　ラ　エントラダ	地下鉄の切符売り場は入り口の近くにあります。
tren トレン　名詞**男**	電車
Quiero ir a Sevilla en **tren**. キエロ　イル　ア　セビジャ　エン　トレン	セビリアには電車で行きたい。
coche コチェ　名詞**男**	自動車
¿Nadie tiene **coche**? ナディエ　ティエネ　コチェ	誰も車持ってないの？

barco バルコ　名詞**男**	船
avión アビ**オ**ン　名詞**男**	飛行機
puerto プ**エ**ルト　名詞**男**	港
aeropuerto アエロプ**エ**ルト　名詞**男**	空港
bicicleta ビシク**レ**タ　名詞**女**	自転車
moto **モ**ト　名詞**女**	オートバイ
coger [tomar] コ**ヘ**ル　[ト**マ**ル]　動詞	乗る
Tienes que **coger** [**tomar**] el autobús para ir allí. ティ**エ**ネス　ケ　コ**ヘ**ル　[ト**マ**ル]　エル　アウ**ト**ブス　パラ　**イ**ル　**ア**ジ	そこに行くにはバスに乗らなければならない。

★ coger はスペインではさまざまな意味に広く使われ、乗り物に乗ることも表すが、この動詞は中南米では性的な行為を指すので注意。中南米では tomar を使うほうが良い。

基本の表現

最重要単語

テーマ別基本単語

品詞別基本単語

今すぐ使いたい

さくいん

テーマ別基本単語

montar
モン**タ**ル　動詞

乗る

¿Te gusta **montar** en bibicleta?
テ　**グ**スタ　モン**タ**ル　エン　ビシク**レ**タ

自転車に乗るのは好き
ですか？

subir
ス**ビ**ル　動詞

乗る

Ya es la hora de **subir** al barco.
ジャ　エス　ラ　**オ**ラ　デ　ス**ビ**ル　アル　**バ**ルコ

もう乗船の時間だ。

★「上がる」の意味もある。

bajar
バ**ハ**ル　動詞

降りる

Se puede **bajar** por esta escalera.
セ　プ**エ**デ　バ**ハ**ル　ポル　**エ**スタ　エスカ**レ**ラ

この階段から降りる
ことができます

★「下がる」の意味もある。

conducir
コン**ドゥシ**ル　動詞

運転する

¿Nadie sabe **conducir**?
ナディエ　**サ**ベ　コン**ドゥシ**ル

誰も運転できないの？

㉑ 持ち物 🔊 34

llave
ジャベ　名詞 **女**

鍵

¿Trajiste la **llave**?
トラ**ヒ**ステ ラ ジャベ

鍵は持った？

cartera
カル**テ**ラ　名詞 **女**

財布

Perdí la **cartera** en el taxi.
ペル**ディ** ラ カル**テ**ラ エン エル **タ**クシ

タクシーで財布を落としちゃった。

bolso
ボルソ　名詞 **男**

ハンドバッグ

Me gusta el color de este **bolso**.
メ **グ**スタ エル コ**ロ**ル デ **エ**ステ ボルソ

私はこのバッグの色が好きだ。

mochila
モ**チ**ラ　名詞 **女**

リュック

¿Qué traes en tu **mochila**? ¿Por qué pesa tanto?
ケ トラエス エン トゥ モ**チ**ラ ポル ケ ペサ **タ**ント

リュックに何が入ってるの？　なんでこんなに重いの？

reloj
レ**ロ**ホ　名詞 **男**

時計

¿Puedes prestarme tu **reloj** hoy?
プ**エ**デス プレス**タ**ルメ トゥ レ**ロ**ホ **オ**イ

今日、君の時計を貸してくれない？

基本の表現

最重要単語

テーマ別基本単語

品詞別基本単語

今すぐ使いたい

さくいん

móvil

モビル　名詞男

携帯電話

Este **móvil** está roto.
エステ　モビル　エスタ　ロト

この携帯は壊れてる。

★ 中南米では celular、もしくは単に cel と言う。

gafas

ガファス　名詞女

メガネ

¿Por qué no usas **gafas**?
ポル　ケ　ノ　ウサス　ガファス

メガネを使ってみたら？

★ lentes, anteojos とも言う。

ordenador

オルデナドル　名詞男

コンピュータ

Mi **ordenador** no responde...
Bueno, uso la tableta.
ミ　オルデナドル　ノ　レスポンデ　ブエノ　ウソ　ラ
タブレタ

PC が動かないな……。
よし、タブレットを使お
う。

★ 中南米では computadora と言う。

tarjeta

タルヘタ　名詞女

カード

¿Se aceptan **tarjetas** de crédito?
セ　アセプタン　タルヘタス　デ　クレディト

クレジットカードで支払
えますか？

paraguas

パラグアス　名詞男

傘

Se me olvidó traer el **paraguas**.
セ　メ　オルビド　トラエル　エル　パラグアス

傘を持ってくるの、忘れ
ちゃった。

基本の表現

最重要単語

テーマ別基本単語

品詞別基本単語

今すぐ使いたい

さくいん

❷❷ 服・靴 🔊 35

ropa ロパ　名詞 **女**	服
Estás comprando demasiada **ropa**, ¿no? エス**タ**ス　コンプ**ラ**ンド　デマシ**ア**ダ　**ロ**パ　ノ	君、服を買いすぎじゃ ない？
camisa カ**ミ**サ　名詞 **女**	シャツ
Esa **camisa** no te queda bien. **エ**サ　カ**ミ**サ　ノ　テ　**ケ**ダ　ビ**エ**ン	そのシャツは君に似 合わないよ。
camiseta カミ**セ**タ　名詞 **女**	Tシャツ
Vas a tener frío con esa **camiseta**. バス　ア　テ**ネ**ル　フ**リ**オ　コン　**エ**サ　カミ**セ**タ	そのTシャツでは きっと寒いよ。
jersey ヘル**セ**イ　名詞 **男**	セーター
Ponte un **jersey**. Hace frío. **ポ**ンテ　**ウ**ン　ヘル**セ**イ　**ア**セ　フ**リ**オ	セーターを着なさい。 寒いんだから。
★ suéter という言い方もよく使う。	
blusa ブ**ル**サ　名詞 **女**	ブラウス
pantalones パンタ**ロ**ネス　名詞 **男**	ズボン

falda
ファルダ　名詞**女**

スカート

▶関連語句：mini falda（ミニスカート）

vaqueros
バケロス　名詞**男**

ジーンズ

traje
トラヘ　名詞**男**

スーツ

▶関連語句：traje de baño（水着）

abrigo
アブリゴ　名詞**男**

コート

vestido
ベスティド　名詞**男**

ドレス

▶関連語句：vestido de novia（ウェディングドレス）

chaqueta
チャケタ　名詞**女**

上着

uniforme
ウニフォルメ　名詞**男**

制服

pijama
ピハマ　名詞**女**

パジャマ

★中南米では piyama と言う。

基本の表現　最重要単語　テーマ別基本単語　品詞別基本単語　今すぐ使いたい　さくいん

ponerse
ポネルセ　動詞 — 着る

Me puse una camisa nueva hoy.
メ　プセ　ウナ　カミサ　ヌエバ　オイ
今日は新しいシャツを着ました。

quitarse
キタルセ　動詞 — 脱ぐ

No tienes que **quitarte** los zapatos al entrar a casa.
ノ　ティエネス　ケ　キタルテ　ロス　サパトス　アル　エントラル　ア　カサ
家に入るときに靴を脱ぐ必要はないよ。

probarse
プロバルセ　動詞 — 試着する

No **se** puede **probar** la ropa interior.
ノ　セ　プエデ　プロバル　ラ　ロパ　インテリオル
下着のご試着はお断りしております。

bragas
ブラガス　名詞女 — ショーツ

calcetines
カルセティネス　名詞男 — 靴下

corbata
コルバタ　名詞女 — ネクタイ

gorro
ゴロ　名詞男 — 縁なし帽

▶ 関連語句：gorro de baño（水泳帽）

gorra ゴラ　名詞**女**	ひさしのついた帽子
▶ 関連語句：gorra de béisbol（野球帽）	
sombrero ソンブレロ　名詞**男**	つばのある帽子
bufanda ブファンダ　名詞**女**	マフラー
guantes グアンテス　名詞**男**	手袋
cinturón シントゥロン　名詞**男**	ベルト
pañuelo パニュエロ　名詞**男**	ハンカチ
zapatos サパトス　名詞**男**	靴
zapatillas サパティジャス　名詞**女**	スリッパ
botas ボタス　名詞**女**	ブーツ

㉓ 色・形　🔊36

color コロル　名詞男	色
¿De qué **color** es su chaqueta? デ ケ コロル エス ス チャケタ	彼の上着は何色ですか？
blanco / blanca ブランコ / ブランカ　形容詞	白い
Mi gato es **blanco**. ミ ガト エス ブランコ	私の猫は白いです。
negro / negra ネグロ / ネグラ　形容詞	黒い
Tienen dos perras **negras**. ティエネン ドス ペラス ネグラス	彼らは2匹の黒い犬（雌）を飼っています。
redondo / redonda レドンド / レドンダ　形容詞	丸い
Tiene la cara **redonda**. ティエネ ラ カラ レドンダ	彼は丸顔です。
cuadrado / cuadrada クアドラド / クアドラダ　形容詞	四角い
Las mesas son **cuadradas**. ラス メサス ソン クアドラダス	テーブルは四角です。

verde ベルデ　形容詞	緑色の
azul アスル　形容詞	青い
amarillo / amarilla アマリジョ / アマリジャ　形容詞	黄色の
rojo / roja ロホ / ロハ　形容詞	赤い
marrón マロン　形容詞	茶色の

★ café（コーヒー色）ということもある。

基本の表現

最重要単語

テーマ別基本単語

品詞別基本単語

今すぐ使いたい

さくいん

㉔ 感情 🔊 37

alegre アレグレ　形容詞	陽気な
Es mejor poner una música **alegre**. エス メ**ホ**ル ポ**ネ**ル **ウ**ナ **ム**シカ ア**レ**グレ	明るい音楽をかけよう。

triste ト**リ**ステ　形容詞	悲しい
Decir adiós es siempre **triste**. デ**シ**ル ア**ディオ**ス **エ**ス シ**エ**ンプレ ト**リ**ステ	さよならを言うのはいつも悲しい。

contento / contenta コン**テ**ント / コン**テ**ンタ　形容詞	満足な
Estoy **contenta** de estar con mi novio. エス**ト**イ コン**テ**ンタ デ エス**タ**ル コン ミ **ノ**ビオ	彼氏と一緒にいられてうれしい。

enfadado / enfadada エンファ**ダ**ド / エンファ**ダ**ダ　形容詞	怒っている
Los profesores están **enfadados** con mi opinión. ロス プロフェ**ソ**レス エス**タ**ン エンファ**ダ**ドス コン ミ オピ二**オ**ン	先生たちは僕の意見に怒っている。

preocupado / preocupada

プレオクパド / プレオクパダ　形容詞

心配している

Mis padres están **preocupados** por ti.

ミス　パドレス　エスタン　プレオクパドス　ポル　**ティ**

僕の両親が君のことを心配しているよ。

gustar

グスタル　動詞

〜が好きだ

Nos **gusta** mucho viajar.

ノス　**グスタ**　**ム**チョ　ビアハル

私たちは旅行をするのが大好きです。

encantar

エンカンタル　動詞

〜が大好きだ

A ella le **encantan** los dulces.

ア　**エ**ジャ　レ　エン**カ**ンタン　ロス　**ドゥ**ルセス

彼女はスイーツに目がない。

★ encantar は gustar よりももっと好きなことを表す。「大好き」の意味を含むので、mucho を付けるのは間違い。

odiar

オディアル　動詞

憎む

Te **odio**. Ya no quiero verte nunca más.

テ　**オ**ディオ　**ジャ**　ノ　キエロ　ベルテ　**ヌ**ンカ　マス

あなたなんて大嫌い。もう二度と会いたくない。

基本の表現

最重要単語

テーマ別基本単語

品詞別基本単語

今すぐ使いたい

さくいん

feliz フェ**リ**ス　形容詞	幸せな
cansado / cansada カン**サ**ド / カン**サ**ダ　形容詞	疲れた
nervioso / nerviosa ネルビ**オ**ソ / ネルビ**オ**サ　形容詞	落ち着かない

★ ser の場合は「落ち着きがない」性格を指し、estar の場合は「緊張している」状態を指す。

aburrido / aburrida アブ**リ**ド / アブ**リ**ダ　形容詞	退屈な
miedo ミ**エ**ド　名詞**男**	恐怖
Tengo **miedo** de morir algún día. **テ**ンゴ　ミ**エ**ド　デ　モ**リ**ル　アル**グ**ン　**デ**ィア	いつか死ぬことが怖い。
vergüenza ベルグ**エ**ンサ　名詞**女**	恥
No tengas **vergüenza**. ノ　**テ**ンガス　ベルグ**エ**ンサ	恥ずかしがらないで。

㉕ 場所（1）　🔊38

delante デランテ　副詞	前に
Vi a mi hermano **delante** de la biblioteca. ビ ア ミ エル**マ**ノ デ**ラ**ンテ デ ラ ビブリオ**テ**カ	図書館の前で弟を見かけた。
atrás アトラス　副詞	後ろに
Aquí no se puede volver **atrás**. ア**キ** ノ セ プ**エ**デ ボル**ベ**ル アト**ラ**ス	ここでは引き返すことはできません。
alrededor アルレデ**ド**ル　副詞	周りに
Hay algunos restaurantes **alrededor** de la plaza. **ア**イ アル**グ**ノス レスタウ**ラ**ンテス アルレデ**ド**ル デ ラ プ**ラ**サ	広場の周りにはいくつかレストランがあります。
★「約」という意味もある。alrededor de cien personas（およそ100人）	
debajo デ**バ**ホ　副詞	下に
Hay un cubo de basura **debajo** de la mesa. **ア**イ **ウ**ン **ク**ボ デ バ**ス**ラ デ**バ**ホ デ ラ **メ**サ	テーブルの下にゴミ箱があります。
dentro デントロ　副詞	中に
¿Qué hay **dentro** de la caja? **ケ** **ア**イ **デ**ントロ デ ラ **カ**ハ	箱の中には何が入っているの？

arriba
アリバ　副詞

上に

Carla y Susana están **arriba**.
カルラ　イ　ス**サ**ナ　エス**タ**ン　ア**リ**バ

カルラとススナは
上にいます。

abajo
アバホ　副詞

下へ

Vamos **abajo** para cenar.
バモス　ア**バ**ホ　**パ**ラ　セ**ナ**ル

夕食を食べに下に
行こう。

adentro
アデントロ　副詞

中へ

Hoy no puedes entrar **adentro**.
オイ　ノ　プ**エ**デス　エン**トラ**ル　ア**デ**ントロ

今日は中には入れ
ませんよ。

cerca
セルカ　副詞

近くに

Sus casas están muy **cerca** de la escuela.
スス　**カ**サス　エス**タ**ン　**ム**イ　**セ**ルカ　デ　ラ　エスク**エ**ラ

彼らの家は学校か
らとても近い。

lejos
レホス　副詞

遠くに

El castillo está **lejos** del centro de la ciudad.
エル　カス**ティ**ジョ　エス**タ**　**レ**ホス　デル　**セ**ントロ　デ　ラ　シ**ウダ**

城は街の中心から
は離れています。

㉖ 家・部屋 39

---

casa
カサ 名詞 女

家

Está usted en su **casa**.
エスタ ウステ エン ス カサ

遠慮なくおくつろぎください。（定型表現）

---

apartamento
アパルタメント 名詞 男

アパート

Tengo que buscar un **apartamento** barato.
テンゴ ケ ブスカル ウン アパルタメント バラト

安いアパートを探さなくてはならない。

★ 中南米の一部では departamento と言う。

---

piso
ピソ 名詞 男

階、アパート

Este apartamento tiene once **pisos**.
エステ アパルタメント ティエネ オンセ ピソス

このアパートは 11 階建てです。

---

planta
プランタ 名詞 女

階

Yo vivo en la segunda **planta**.
ジョ ビボ エン ラ セグンダ プランタ

私は 2 階に住んでいます。

★ 「植物」の意味もある。

ワンポイント 日本で言う 1 階（道路と同じレベルにある階）のことは planta baja と呼ぶ。その上の階のことを、primer piso（第一の階）と呼ぶ地域もあれば、segundo piso、segunda planta（第二の階）と呼ぶ地域もある。

habitación アビタシオン　名詞**女**	部屋
¿Puedo reservar una **habitación** para esta noche? プエド　レセルバル　**ウ**ナ　アビタシ**オ**ン　パラ　**エ**スタ　**ノ**チェ	今晩、一部屋予約できますか？

cuarto クア**ル**ト　名詞**男**	部屋

baño バニョ　名詞**男**	バス、トイレ
★バス・トイレは同じ場所にあるので、どちらも baño。	

bañera バニェラ　名詞**女**	バスタブ
★中南米では tina と言う。	

servicio セルビシオ　名詞**男**	トイレ
★基本的には「サービス」を意味する。	

cocina コシナ　名詞**女**	キッチン

comedor コメドル　名詞**男**	食堂

sala
サラ　名詞 **女**

リビング

▶ 関連語句：sala de espera（待合室）

salón
サロン　名詞 **男**

リビング

★ 中南米の一部では「教室」の意味もある。

dormitorio
ドルミ**ト**リオ　名詞 **男**

寝室

★ 中南米の一部では recámara と言う。

garaje
ガラへ　名詞 **男**

ガレージ

Hay otra bicicleta en el garaje.
アイ　**オ**トラ　ビシク**レ**タ　エン　エル　ガラへ

ガレージにもう１台、自転車がある。

jardín
ハル**ディ**ン　名詞 **男**

庭

Unos pájaros viven en mi jardín.
ウノス　**パ**ハロス　**ビ**ベン　エン　ミ　ハル**ディ**ン

小鳥が何羽かうちの庭に住んでいる。

patio
パティオ　名詞 **男**

中庭

Hay muchas flores en mi patio.
アイ　**ム**チャス　フ**ロ**レス　エン　ミ　**パ**ティオ

うちの中庭にはたくさん花が植えられている。

基本の表現

最重要単語

テーマ別基本単語

品詞別基本単語

今すぐ使いたい

さくいん

□ **ventana**
ベン**タ**ナ　名詞 女

窓

¿Quieres abrir la **ventana**?	窓を開けてもらえますか？
キ**エ**レス　アブ**リ**ル　ラ　ベン**タ**ナ	

□ **puerta**
プ**エ**ルタ　名詞 女

ドア

Mi gato salió por la **puerta**.	猫がドアから出て行った。
ミ　**ガ**ト　サリ**オ**　ポル　ラ　プ**エ**ルタ	

□ **techo**
テチョ　名詞 男

天井

Hay una araña en el **techo**.	天井に1匹クモがいる。
アイ　**ウ**ナ　ア**ラ**ニャ　エン　エル　**テ**チョ	

□ **suelo**
ス**エ**ロ　名詞 男

床

No duermas en el **suelo**.	床で眠らないで。
ノ　ドゥ**エ**ルマス　エン　エル　ス**エ**ロ	

㉗ 家具・家電 🔊40

mueble ムエブレ　名詞**男**	家具
No hay muchos **muebles** en mi casa. ノ アイ ム**チ**ョス ム**エ**ブレス エン ミ **カ**サ	私の家にはあまり家具はない。
mesa メサ　名詞**女**	テーブル
Mira a la mujer de la **mesa** redonda. ミラ ア ラ ム**ヘ**ル デ ラ **メ**サ レ**ド**ンダ	丸テーブルのところにいる女の人を見て。
silla シジャ　名詞**女**	イス
Esta **silla** no es de madera. **エ**スタ **シ**ジャ ノ **エ**ス デ マ**デ**ラ	このイスは木製じゃないね。
cama カマ　名詞**女**	ベッド
Ya es hora de irse a la **cama**. ジャ **エ**ス **オ**ラ デ イ**ル**セ ア ラ **カ**マ	もう寝る時間だよ。
armario アル**マ**リオ　名詞**男**	洋服ダンス
Guarda la ropa en el **armario**. グ**ア**ルダ ラ **ロ**パ エン エル アル**マ**リオ	服はタンスにしまいなさい。

estantería エスタンテリア　名詞 女	本棚

escritorio エスクリトリオ　名詞 男	デスク

sofá ソファ　名詞 男	ソファ

cubo de basura クボ　デ　バスラ　名詞 男	ゴミ箱

★ 中南米では basurero と呼ぶところもある。

aire acondicionado アイレ　アコンディシオナド　名詞 男	エアコン

nevera ネベラ　名詞 女	冷蔵庫

★ refrigerador、frigorífico 等とも言う。

lámpara ランパラ　名詞 女	電灯

microondas ミクロオンダス　名詞 男	電子レンジ

基本の表現

最重要単語

テーマ別基本単語

品詞別基本単語

今すぐ使いたい

さくいん

❷❽ 素材 41

madera マデラ 名詞❽	木材
¡Toca **madera**! トカ マデラ	木をさわりなさい！ （慣用句）

★例文は、不吉なことが起こったときに言う慣用句。木製のものが不運を取り払うと思われていたことから。

hierro イエロ 名詞❷	鉄

oro オロ 名詞❷	金（ゴールド）
El tiempo es **oro**. エル ティエンポ エス オロ	時は金なり。（慣用句）

plata プラタ 名詞❽	銀

piedra ピエドラ 名詞❽	石

plástico プラスティコ 名詞❷	プラスティック

lana ラナ 名詞❽	羊毛

㉙ 体 🔊 42

cuerpo クエルポ 名詞男	体
Tengo un **cuerpo** más o menos fuerte. テンゴ ウン クエルポ マス オ メノス フエルテ	僕はまあまあ体が丈夫だ。
cabeza カベサ 名詞女	頭
garganta ガルガンタ 名詞女	のど
Tengo dolor de **garganta**. テンゴ ドロル デ ガルガンタ	のどが痛い。
cuello クエジョ 名詞男	首
hombro オンブロ 名詞男	肩
pecho ペチョ 名詞男	胸
brazo ブラソ 名詞男	腕

基本の表現

最重要単語

テーマ別基本単語

品詞別基本単語

今すぐ使いたい

さくいん

mano
マノ　名詞🔴

	手

Las **manos** de mi abuela son suaves.
ラス **マノス** デ ミ アブエラ ソン スアベス

祖母の手はやわらかい。

codo
コド　名詞🔵

ひじ

No pongas los **codos** sobre la mesa.
ノ ポンガス ロス **コドス** ソブレ ラ メサ

テーブルの上にひじをつかないで。

dedo
デド　名詞🔵

指

Cuento con los **dedos**.
クエント コン ロス **デドス**

指を折って数える。

uña
ウニャ　名詞🔴

爪

espalda
エスパルダ　名詞🔴

背中

vientre
ビエントレ　名詞🔵

腹

cadera
カデラ　名詞🔴

ヒップ

★複数形で使われることが多い。

pierna ピエルナ　名詞女	脚
rodilla ロディジャ　名詞女	ひざ
pie ピエ　名詞男	足
sangre サングレ　名詞女	血
hueso ウエソ　名詞男	骨
corazón コラソン　名詞男	心臓
estómago エストマゴ　名詞男	胃
piel ピエル　名詞女	皮膚
muñeca ムニェカ　名詞女	手首
tobillo トビジョ　名詞男	足首

基本の表現

最重要単語

テーマ別基本単語

品詞別基本単語

今すぐ使いたい

さくいん

㉚ 顔 🔊 43

cara カラ 名詞 **女**	顔
Me vio la **cara** primero. メ ビ**オ** ラ **カ**ラ プリ**メ**ロ	彼はまず私の顔を見た。
ojo **オ**ホ 名詞 **男**	目
Sus **ojos** son de color oscuro. スス **オ**ホス **ソ**ン デ コ**ロ**ル オス**ク**ロ	彼の目（の色）は暗い。
nariz ナリス 名詞 **女**	鼻
Su **nariz** es grande. ス ナリス **エ**ス グ**ラ**ンデ	彼は鼻が大きい。
oreja オレハ 名詞 **女**	耳
Me duelen las **orejas** porque hoy hace mucho frío. メ ドゥ**エ**レン ラス オレハス ポルケ **オ**イ **ア**セ **ム**チョ フ**リ**オ	今日はとても寒くて、耳が痛い。
★「耳がいい」などのように機能を表す場合の「耳」は oído を使う。 　Tienes buen oído. （君は耳がいいね。）	
boca **ボ**カ 名詞 **女**	口
Abre la **boca** bien grande. **ア**ブレ ラ **ボ**カ ビ**エ**ン グ**ラ**ンデ	口を大きく開けてください。

ceja セハ　名詞**女**	眉
diente ディエンテ　名詞**男**	歯
labio ラビオ　名詞**男**	くちびる
★ 上と下の両方を指すときは複数形になる。	
pelo ペロ　名詞**男**	髪の毛
barba バルバ　名詞**女**	あごひげ
bigote ビゴテ　名詞**男**	口ひげ
pestaña ペスタニャ　名詞**女**	まつげ
mandíbula マンディブラ　名詞**女**	あご
mejilla メヒジャ　名詞**女**	頬

㉛ 体型・容姿 🔊 44

alto / alta
アルト / アルタ　形容詞　　高い

Mi tío es muy **alto**.
ミ　ティオ　エス　ムイ　アルト

私のおじはとても背が高い。

bajo / baja
バホ / バハ　形容詞　　低い

Sus hermanas son todas **bajas**.
スス　エルマナス　ソン　トダス　バハス

彼の姉妹はみんな背が低い。

gordo / gorda
ゴルド / ゴルダ　形容詞　　太った

Mi papá está muy **gordo**, pero yo no tanto.
ミ　パパ　エスタ　ムイ　ゴルド　ペロ　ジョ　ノ　タント

父はとても太っているが、僕はそうでもない。

delgado / delgada
デルガド / デルガダ　形容詞　　やせた

Antes estabas muy **delgada**, ¿no?
アンテス　エスタバス　ムイ　デルガダ　ノ

昔は君はとても痩せていたよね。

largo / larga
ラルゴ / ラルガ　形容詞　　長い

Eva tiene un pelo **largo** y negro.
エバ　ティエネ　ウン　ペロ　ラルゴ　イ　ネグロ

エバは長くて黒い髪をしている。

| **corto / corta**
コルト / コルタ　形容詞 | 短い |

| **rubio / rubia**
ルビオ / ルビア　形容詞 | 金髪の |

★ 髪の色を表す言葉。

| **moreno / morena**
モレノ / モレナ　形容詞 | 褐色の |

★ 髪と肌、両方の色を指すことができる。

| **guapo / guapa**
グアポ / グアパ　形容詞 | ハンサムな
／美人な |

| **feo / fea**
フェオ / フェア　形容詞 | 醜い |

基本の表現

最重要単語

テーマ別基本単語

品詞別基本単語

今すぐ使いたい

さくいん

㉜ 外見・様子 45

claro / clara
クラロ / クララ　形容詞

明るい

Lleva una camisa de color **claro**.
ジェバ　ウナ　カミサ　デ　コロル　クラロ

彼は明るい色の
シャツを着ている。

★「明らかな」という意味もある。Se ve muy claro.（それは明確だ。）
¿Está claro?（おわかりですか？）

oscuro / oscura
オスクロ / オスクラ　形容詞

暗い

El cuarto estaba totalmente
oscuro.
エル　クアルト　エスタバ　トタルメンテ　オスクロ

その部屋は真っ暗
だった。

bonito / bonita
ボニト / ボニタ　形容詞

かわいい

¡Qué perro tan **bonito**!
ケ　ペロ　タン　ボニト

なんて愛らしい犬
でしょう！

lindo / linda
リンド / リンダ　形容詞

かわいい

Te doy unas flores **lindas**.
テ　ドイ　ウナス　フロレス　リンダス

君にきれいな花を
あげよう。

★ 女性や花などの可憐なかわいさを表す。

hermoso / hermosa
エルモソ / ヘルモサ　形容詞

美しい

Hoy hace un día **hermoso**, ¿no?
オイ　アセ　ウン　ディア　エルモソ　ノ

今日は素晴らしい
天気だね。

limpio / limpia
リンピオ / リンピア　形容詞

清潔な

Quiero vivir en un cuarto más
limpio.
キエロ　ビビル　エン　ウン　クアルト　マス　リンピオ

もっときれいな部
屋に住みたいな。

sucio / sucia
スシオ / スシア　形容詞

汚い

No comas con la mano **sucia**.
ノ　コマス　コン　ラ　マノ　スシア

汚れた手で食べて
はダメ。

nuevo / nueva
ヌエボ / ヌエバ　形容詞

新しい

El próximo mes compraré un coche
nuevo.
エル　プロクシモ　メス　コンプラレ　ウン　コチェ　ヌエボ

来月、新しい車を
買おう。

joven
ホベン　形容詞

若い

Entonces éramos demasiado
jóvenes.
エントンセス　エラモス　デマシアド　ホベネス

その時、私たちは
あまりにも若かっ
た。

基本の表現

最重要単語

テーマ別基本単語

品詞別基本単語

今すぐ使いたい

さくいん

viejo / vieja ビエホ / ビエハ　形容詞	古い
Mi abuelo tiene un reloj grande y **viejo**. ミ　アブエロ　ティエネ　ウン　レロホ　グランデ　イ　ビエホ	私の祖父は大きな古時計を持っている。
anciano / anciana アンシアノ / アンシアナ　形容詞	年老いた
Este plan es para las mujeres **ancianas**. エステ　プラン　エス　パラ　ラス　ムヘレス　アンシアナス	このプランはご高齢の女性のためのものです。
★人間の高齢を指す。名詞として「高齢者」という意味でも使う。	
antiguo / antigua アンティグオ / アンティグア　形容詞	古い
elegante エレガンテ　形容詞	優雅な

sano / sana サノ / サナ 形容詞	健康な
Mi abuelo está muy **sano**. ミ アブ**エ**ロ エス**タ** ム**イ** **サ**ノ	私の祖父はとても 健康です。
enfermo / enferma エン**フェ**ルモ / エン**フェ**ルマ 形容詞	病気である
¿Tu madre estaba **enferma**? トゥ **マ**ドレ エス**タ**バ エン**フェ**ルマ	お母さんが病気 だったの？
enfermedad エンフェルメ**ダ** 名詞 **女**	病気
El resfriado es la raíz de todas las **enfermedades**. エル レスフリ**ア**ド **エ**ス ラ **ラ**イス デ **ト**ダス ラス エンフェルメ**ダ**デス	風邪は万病の元。
dolor ド**ロ**ル 名詞 **男**	痛み
¿Todavía tienes **dolor** de garganta? トダ**ビ**ア ティ**エ**ネス ド**ロ**ル デ ガル**ガ**ンタ	まだのどが痛いで すか？
tos **ト**ス 名詞 **女**	咳
No pude dormir anoche por la **tos**. ノ **プ**デ ドル**ミ**ル ア**ノ**チェ ポル ラ **ト**ス	昨夜は咳のせいで 眠れなかった。

基本の表現

最重要単語

テーマ別基本単語

品詞別基本単語

今すぐ使いたい

さくいん

☐ **fiebre** フィ**エ**ブレ　名詞 **女**	熱	
☐ **resfriado** レスフリ**ア**ド　名詞 **男**	風邪	
☐ **alergia** ア**レ**ルヒア　名詞 **女**	アレルギー	
☐ **medicamento** メディカ**メ**ント　名詞 **男**	薬	
☐ **ambulancia** アンブ**ラ**ンシア　名詞 **女**	救急車	
☐ **urgencia** ウル**ヘ**ンシア　名詞 **女**	緊急	

㉞ 衛生用品 🔊47

toalla
トアジャ　名詞 🚺

タオル

jabón
ハボン　名詞 🚹

石鹸

champú
チャンプ　名詞 🚹

シャンプー

cepillo
セピジョ　名詞 🚹

ブラシ

▶ 関連語句：cepillo de dientes（歯ブラシ）

papel higiénico
パペル　イヒエニコ　名詞 🚹

トイレットペーパー

★ papel de baño, papel sanitario とも言う。

algodón
アルゴドン　名詞 🚹

コットン

mascarilla
マスカリジャ　名詞 🚺

マスク

㉟ 教育・学校 48

---

educación

エドゥカシ**オ**ン　名詞 **女**

教育

La **educación** es importante para todos los niños.

ラ　エドゥカシ**オ**ン　**エ**ス　インポル**タ**ンテ　パラ　**ト**ドス　ロス　**ニ**ニョス

教育はすべての子どもにとって大切だ。

★「行儀」という意味もある。Ten educación.（行儀よくしなさい。）

---

colegio

コ**レ**ヒオ　名詞 **男**

学校

Mi hijo va a un **colegio** privado.

ミ　**イ**ホ　バ　ア　**ウ**ン　コ**レ**ヒオ　プリ**バ**ド

私の息子は私立の学校に行っている。

---

escuela

エスク**エ**ラ　名詞 **女**

学校

Él siempre llega tarde a la **escuela**.

エル　シ**エ**ンプレ　**ジェ**ガ　**タ**ルデ　ア　ラ　エスク**エ**ラ

彼はいつも学校に遅刻する。

---

instituto

インスティ**トゥ**ト　名詞 **男**

研究所

Mi hermano trabaja en un **instituto**.

ミ　エル**マ**ノ　トラ**バ**ハ　エン　**ウ**ン　インスティ**トゥ**ト

私の兄は研究所で働いている。

universidad
ウニベルシダ　名詞 **女**

大学

Después de graduarse de la
universidad fue a México.
デスプ**エ**ス　デ　グラドゥ**ア**ルセ　デ　ラ　ウニベルシ**ダ**
フ**エ**　ア　**メ**ヒコ

彼は大学を卒業すると
メキシコへ行った。

academia
アカ**デ**ミア　名詞 **女**

塾

Mi madre es profesora en una
academia de idiomas.
ミ　**マ**ドレ　**エ**ス　プロフェ**ソ**ラ　エン　**ウ**ナ　アカ**デ**ミア
デ　イディ**オ**マス

私の母は語学学校の教師
です。

aula
アウラ　名詞 **女**

教室

El profesor Navarro está en el
aula.
エル　プロフェ**ソ**ル　ナ**バ**ロ　エス**タ**　エン　エル　**ア**ウラ

ナバロ先生は教室にいま
す。

★ 女性名詞だが、語頭が a でアクセントがあるので定冠詞は el が付く。

clase
クラセ　名詞 **女**

授業、教室

Ricardo y yo vamos a **clase** de
inglés todos los días.
リ**カ**ルド　イ　**ジョ**　**バ**モス　ア　**ク**ラセ　デ　イング**レ**ス
トドス　ロス　**ディ**アス

リカルドと私は毎日、
英語教室に通っている。

★「階級」の意味もある。clase social（社会階級）

profesor / profesora
プロフェソル　名詞男 / プロフェソラ　名詞女

先生

¿Cómo está usted, **profesor**?
コモ　エスタ　ウステ　プロフェソル

先生、ご機嫌はいかがですか？

alumno / alumna
アルムノ　名詞男 / アルムナ　名詞女

生徒

¿Es usted **alumno** del profesor Fernández?
エス　ウステ　アルムノ　デル　プロフェソル　フェルナンデス

あなたはフェルナンデス先生の生徒さんですか？

estudiante
エストゥディアンテ　名詞男女

学生

La profesora García es popular entre los **estudiantes**.
ラ　プロフェソラ　ガルシア　エス　ポプラル　エントレ　ロス　エストゥディアンテス

ガルシア先生は学生の間で人気だ。

horario
オラリオ　名詞男

時間割

Les presentamos el **horario** para este semestre.
レス　プレセンタモス　エル　オラリオ　パラ　エステ　セメストレ

皆さんに今学期の時間割を提示します。

★「時刻表」の意味もある。

examen
エク**サ**メン　名詞 **男**

試験

Mañana tenemos un **examen**.
マ**ニャ**ナ　テ**ネ**モス　**ウン**　エク**サ**メン

明日は試験だ。

programa
プログ**ラ**マ　名詞 **男**

カリキュラム

Este es el **programa** del nuevo curso.
エステ　**エ**ス　エル　プログ**ラ**マ　デル　ヌ**エ**ボ　**ク**ルソ

これが新学期の
カリキュラムです。

★「計画」「番組」「コンピュータプログラム」など多くの意味がある。

curso
クルソ　名詞 **男**

講座

Este año no se puede tomar el **curso** de la comida mexicana.
エステ　**ア**ニョ　ノ　セ　プ**エ**デ　ト**マ**ル　エル　**ク**ルソ
デ　ラ　コ**ミ**ダ　メヒ**カ**ナ

今年はメキシコ料理の
講座は受講できません。

㊱ 勉強・学習 🔊 49

# estudio エス**トゥ**ディオ　名詞 男	勉強
Mis padres siempre me ayudan en mi **estudio**. ミス　パ**ド**レス　シ**エ**ンプレ　メ　ア**ジュ**ダン　エン　ミ　エス**トゥ**ディオ	両親はいつも私の勉強を助けてくれます。
# estudiar エス**トゥ**ディ**アル**　動詞	勉強する
Tienes que **estudiar** más. ティ**エ**ネス　ケ　エス**トゥ**ディ**アル**　**マ**ス	君はもっと勉強しなければいけない。
# aprender アプレン**デル**　動詞	習得する
Quiero **aprender** algún idioma extranjero. キ**エ**ロ　アプレン**デル**　アル**グン**　イディ**オ**マ　エクストラン**ヘ**ロ	何か外国語を習得したい。
# libro de texto **リ**ブロ　デ　**テ**クスト　名詞 男	教科書
Se me olvidó traer los **libros de texto**. セ　メ　オルビ**ド**　トラ**エ**ル　ロス　**リ**ブロス　デ　**テ**クスト	教科書を持ってくるのを忘れちゃった。

deberes
デベレス　名詞男

宿題

Acaba los **deberes** antes de salir a jugar.
アカバ　ロス　デベレス　**アン**テス　デ　サ**リ**ル　ア　フ**ガ**ル

遊びに行く前に宿題を終わらせなさい。

★ tarea とも言う。

preguntar
プレグン**タ**ル　動詞

質問する

pregunta
プレ**グ**ンタ　名詞女

質問

responder
レスポン**デ**ル　動詞

答える

respuesta
レスプ**エ**スタ　名詞女

答え

ejercicio
エヘル**シ**シオ　名詞男

練習問題

error
エ**ロ**ル　名詞男

間違い

㊲ 文房具　　🔊50

cuaderno クアデルノ　名詞男	ノート

papel パペル　名詞男	紙

★ papel は「紙」を抽象的に指す言葉で、hoja は「一枚の紙」、あるいはその集まりを言う。

bolígrafo ボリグラフォ　名詞男	ボールペン

★ 中南米では pluma を使う。

lápiz ラピス　名詞男	鉛筆

goma ゴマ　名詞女	消しゴム

tijera ティヘラ　名詞女	はさみ

★ 複数形で使うことも多い。

fotocopia フォトコピア　名詞女	コピー

pizarra ピサラ　名詞女	黒板

asignatura
アシグナ**トゥ**ラ　名詞 **女**

科目

Química es mi **asignatura** favorita.
キミカ　**エ**ス　ミ　アシグナ**トゥ**ラ　ファボ**リ**タ

化学は私の好きな
科目です。

★ materia とも言う。

matemáticas
マテ**マ**ティカス　名詞 **女**

数学

Mi madre es profesora de
matemáticas.
ミ　**マ**ドレ　**エ**ス　プロフェ**ソ**ラ　デ　マテ**マ**ティカス

母は数学の教師で
す。

ciencia
シ**エ**ンシア　名詞 **女**

科学

La primera clase de hoy fue la
ciencia natural.
ラ　プリ**メ**ラ　ク**ラ**セ　デ　**オ**イ　フ**エ**　ラ　シ**エ**ンシア
ナトゥ**ラ**ル

今日の一限目は
自然科学だった。

historia
イス**ト**リア　名詞 **女**

歴史

Estudio **historia** española.
エス**トゥ**ディオ　イス**ト**リア　エスパ**ニョ**ラ

スペインの歴史を
学んでいます。

基本の表現

最重要単語

テーマ別基本単語

品詞別基本単語

今すぐ使いたい

さくいん

física
フィシカ　名詞　女

物理

Es necesario estudiar matemáticas para entender la **física**.

エス　ネセ**サ**リオ　エストゥディア**ル**　マテ**マ**ティカス　パラ
エンテン**デ**ル　ラ　**フィ**シカ

物理を理解するには数学を学ぶ必要がある。

▶ 関連語句：educación física（体育）

gimnasia
ヒム**ナ**シア　名詞　女

体操

química
キミカ　名詞　女

化学

medicina
メディ**シ**ナ　名詞　女

医学

derecho
デ**レ**チョ　名詞　男

法学

filosofía
フィロソ**フィ**ア　名詞　女

哲学

literatura
リテラ**トゥ**ラ　名詞　女

文学

trabajar トラバハル 動詞	働く
Yo **trabajo** siete horas al día. ジョ トラバホ シエテ オラス アル ディア	私は毎日7時間働いている。
trabajo トラバホ 名詞男	仕事
¿Os gusta este **trabajo**? オス グスタ エステ トラバホ	君たちはこの仕事が好きですか？
empresa エンプレサ 名詞女	会社
Él trabaja en una **empresa** estadounidense. エル トラバハ エン ウナ エンプレサ エスタドウニデンセ	彼はアメリカの会社で働いている。
oficina オフィシナ 名詞女	事務所
Mi **oficina** está en la planta baja. ミ オフィシナ エスタ エン ラ プランタ バハ	私のオフィスは1階にあります。
director / directora ディレクトル 名詞男 / ディレクトラ 名詞女	長
El **director** siempre llega tarde. エル ディレクトル シエンプレ ジェガ タルデ	社長はいつも遅くやって来る。

基本の表現
最重要単語
テーマ別基本単語
品詞別基本単語
今すぐ使いたい
さくいん

129

jefe / jefa
ヘフェ　名詞**男** / ヘファ　名詞**女**

上司

Ese hombre alto es mi **jefe**.
エセ　オンブレ　アルト　エス　ミ　ヘフェ

あの背の高い男性は私の上司です。

emplear
エンプレアル　動詞

雇う

El supermercado me **empleó** como cajero.
エル　スペルメル**カ**ド　メ　エンプレ**オ**　コモ　カ**ヘ**ロ

スーパーは私をレジ係として雇った。

cliente
クリ**エ**ンテ　名詞**男女**

顧客

Estoy preparando una lista de **clientes**.
エス**ト**イ　プレパ**ラ**ンド　**ウ**ナ　**リ**スタ　デ　クリ**エ**ンテス

顧客リストを準備しています。

currículum
クリクルム　名詞**男**

履歴書

"¿Trajo su **currículum**?" "Sí, aquí lo tiene."
ト**ラ**ホ　ス　クリクルム　**シ**　ア**キ**　ロ　**ティ**エネ

「履歴書はお持ちになりましたか?」「はい、こちらになります」

sueldo
ス**エ**ルド　名詞**男**

給与

Mi **sueldo** ha aumentado un poco.
ミ　ス**エ**ルド　ア　アウメン**タ**ド　**ウ**ン　**ポ**コ

私の給料が少し増えた(上がった)。

⑩ 職業　◀)) 53

profesión
プロフェシオン　名詞 女　　　職業

¿Qué **profesión** tiene?
ケ　プロフェシオン　ティエネ
ご職業は何ですか？

dedicarse
デディカルセ　動詞　　　従事する

¿A qué **se dedica** usted?
ア　ケ　セ　デディカ　ウステ
お仕事は何をされているんですか？

abogado / abogada
アボガド　名詞 男 / アボガダ　名詞 女　　　弁護士

Quiero ser **abogado**.
キエロ　セル　アボガド
僕は弁護士になりたい。

médico / médica
メディコ　名詞 男 / メディカ　名詞 女　　　医者

Fui al **médico** la semana pasada.
フイ　アル　メディコ　ラ　セマナ　パサダ
先週、医者に行った。

enfermero / enfermera
エンフェルメロ　名詞 男 / エンフェルメラ　名詞 女　　　看護師

¿Qué debo estudiar para ser **enfermera**?
ケ　デボ　エストゥディアル　パラ　セル　エンフェルメラ
看護師になるには、何を勉強しないといけない？

☐	**ingeniero /** **ingeniera** インヘニエロ 名詞 男 / インヘニエラ 名詞 女	技師
☐	**bombero / bombera** ボンベロ 名詞 男 / ボンベラ 名詞 女	消防士
☐	**dentista** デンティスタ 名詞 男 女	歯科医
☐	**taxista** タクシスタ 名詞 男 女	タクシー運転手
☐	**policía** ポリシア 名詞 男 女	警察官
☐	**cocinero / cocinera** コシネロ 名詞 男 / コシネラ 名詞 女	調理人
☐	**político / política** ポリティコ 名詞 男 / ポリティカ 名詞 女	政治家
☐	**cantante** カンタンテ 名詞 男 女	歌手
☐	**pintor / pintora** ピントル 名詞 男 / ピントラ 名詞 女	画家

señor / señora セニョル　名詞 男 / セニョラ　名詞 女	（男性の敬称） ／（女性の敬称）
Estoy buscando la casa del **señor** López. エストイ　ブスカンド　ラ　カサ　デル　セニョル　ロペス	ロペス氏の家を探しているところです。
señorita セニョリタ　名詞 女	（未婚女性の敬称）
dirección ディレクシオン　名詞 女	住所
código postal コディゴ　ポスタル　名詞 男	郵便番号
carné カルネ　名詞 男	証明書
▶ 関連語句：carné de identificación/conducir/estudiante　身分証明書／免許証／学生証	
edad エダ　名詞 女	年齢
fecha フェチャ　名詞 女	日
▶ 関連語句：fecha de nacimiento（誕生日）	

基本の表現

最重要単語

テーマ別基本単語

品詞別基本単語

今すぐ使いたい

さくいん

㊷ 人生 55

---

vida
ビダ　名詞 **女**

	一生

Te amo para toda la **vida**.
テ　**ア**モ　パラ　**ト**ダ　ラ　**ビ**ダ

一生、君を愛するよ。

★「生活」や「生命」の意味もある。

---

soltero / soltera
ソル**テ**ロ / ソル**テ**ラ　形容詞

独身の

"¿Cuál es su estado civil?"
"**Soltero**."
ク**ア**ル　**エ**ス　ス　エス**タ**ド　シ**ビ**ル　　ソル**テ**ロ

「ご結婚は？」
「独身です」

---

casado / casada
カ**サ**ド / カ**サ**ダ　形容詞

既婚の

¿Ya está **casada**?
ジャ　エス**タ**　カ**サ**ダ

あなたはもう結婚され
てるの？

---

viudo /viuda
ビウド / **ビ**ウダ　形容詞

死別した

Soy **viuda** desde hace cinco años.
ソイ　**ビ**ウダ　**デ**スデ　**ア**セ　**シ**ンコ　**ア**ニョス

私は5年前から未亡人
です。

★ 名詞の場合、viuda は「未亡人」、viudo は「男やもめ」という意味になる。

基本の表現

最重要単語

テーマ別基本単語

品詞別基本単語

今すぐ使いたい

さくいん

separado / separada セパラド / セパラダ　形容詞	別居した
Mi hermano está **separado** de su mujer. ミ エル**マ**ノ エス**タ** セパ**ラ**ド デス ム**ヘ**ル	私の兄は奥さんと別居中です。

divorciado / divorciada ディボルシ**ア**ド / ディボルシ**ア**ダ　形容詞	離婚した

nacer ナ**セ**ル　動詞	生まれる
★「誕生」は nacimiento。Acta de nacimiento（出生証明書）は日本でいう戸籍事項証明書の役割をする。	

morir モ**リ**ル　動詞	死ぬ
▶関連語句：muerte（死）、muerto（死者）	

casarse カ**サ**ルセ　動詞	結婚する

separarse セパ**ラ**ルセ　動詞	別居する

divorciarse ディボルシ**ア**ルセ　動詞	離婚する

㊸ 性格　 56

carácter カラクテル　名詞 **男**	性格
Paola es una mujer de **carácter** fuerte. パオラ　エス　ウナ　ムヘル　デ　カラクテル　フエルテ	パオラは強い性格の女性だ。
simpático / **simpática** シンパティコ / シンパティカ　形容詞	感じのいい
Rafael es un músico **simpático**. ラファエル　エス　ウン　ムシコ　シンパティコ	ラファエルは感じのいいミュージシャンです。
antipático / **antipática** アンティパティコ / アンティパティカ　形容詞	感じの悪い
¿Por qué ese político es tan **antipático**? ポル　ケ　エセ　ポリティコ　エス　タン　アンティパティコ	なんであの政治家はあんなに感じが悪いんだろう。
inteligente インテリヘンテ　形容詞	頭のいい
¿Quién es el estudiante más **inteligente** de esta clase? キエン　エス　エル　エストゥディアンテ　マス　インテリヘンテ　デ　エスタ　クラセ	このクラスで一番の秀才は誰ですか？

trabajador / trabajadora
トラバハ**ド**ル / トラバハ**ド**ラ　形容詞

	働き者の

Los japoneses son muy **trabajadores** en general.
ロス　ハポ**ネ**セス　**ソ**ン　**ム**イ　トラバハ**ド**レス　エン　ヘネ**ラ**ル

一般的に日本人はとても働き者だ。

tímido / tímida
ティミド / **ティ**ミダ　形容詞

内気な

Ella es **tímida**. No puede hablar con los muchachos.
エジャ　**エ**ス　**ティ**ミダ　**ノ**　プ**エ**デ　アブ**ラ**ル　コン　ロス　ム**チャ**チョス

彼女は内気だ。男の子と話ができない。

abierto / abierta
アビ**エ**ルト / アビ**エ**ルタ　形容詞

率直な

Es una persona muy **abierta**.
エス　**ウ**ナ　ペル**ソ**ナ　**ム**イ　アビ**エ**ルタ

彼（彼女）はとてもざっくばらんな人だ。

amable
ア**マ**ブレ　形容詞

優しい

Es usted muy **amable**.
エス　ウス**テ**　**ム**イ　ア**マ**ブレ

ご親切にどうも。（定型表現）

tranquilo / tranquila トランキロ / トランキラ　形容詞	穏やかな
Mis estudiantes son demasiado **tranquilos**. ミス　エストゥディアンテス　ソン　デマシアド　トランキロス	私の生徒たちは おとなしすぎる。
loco / loca ロコ / ロカ　形容詞	狂った
Me vuelvo **loca**. メ　ブエルボ　ロカ	おかしくなりそ うだ。
generoso / generosa ヘネロソ / ヘネロサ　形容詞	寛大な
agradable アグラダブレ　形容詞	心地よい
serio / seria セリオ / セリア　形容詞	まじめな
egoísta エゴイスタ　形容詞	自分勝手な
optimista オプティミスタ　形容詞	楽観的な
sociable ソシアブレ　形容詞	社交的な

fácil ファシル　形容詞	簡単な	
Estoy buscando unas recetas **fáciles**. エストイ　ブスカンド　ウナス　レセタス　ファシレス	簡単なレシピを探しています。	
difícil ディフィシル　形容詞	難しい	
Es **difícil** de explicar. エス　ディフィシル　デ　エスプリカル	説明するのが難しいです。	
fuerte フエルテ　形容詞	強い	
Mi novio no es muy grande, pero es **fuerte**. ミ　ノビオ　ノ　エス　ムイ　グランデ　ペロ　エス　フエルテ	私の彼氏は、体はあまり大きくないけれど腕は強い。	
débil デビル　形容詞	弱い	
No eres **débil** sino amable. ノ　エレス　デビル　シノ　アマブレ	君は弱いんじゃない、優しいんだよ。	
falso / falsa ファルソ / ファルサ　形容詞	偽の	
Creo que ese bolso es **falso**. クレオ　ケ　エセ　ボルソ　エス　ファルソ	そのバッグは偽物だと思います。	

基本の表現

最重要単語

テーマ別基本単語

品詞別基本単語

今すぐ使いたい

さくいん

peligroso / peligrosa

ペリグ**ロ**ソ / ペリグ**ロ**サ　形容詞

危険な

No debes acercarte a lugares **peligrosos**.

ノ　**デ**ベス　アセル**カ**ルテ　ア　ル**ガ**レス　ペリグ**ロ**ソス

危険な場所には近づいてはいけないよ。

seguro / segura

セ**グ**ロ / セ**グ**ラ　形容詞

安全な

Este parque no es tan **seguro** por la noche.

エステ　**パ**ルケ　ノ　**エ**ス　**タ**ン　セ**グ**ロ　ボル　ラ　**ノ**チェ

この公園は、夜はそんなに安全じゃない。

★ 表現：estar seguro de（確信している）

pesado / pesada

ペ**サ**ド / ペ**サ**ダ　形容詞

重い

Mi gata es grande y muy **pesada**.

ミ　**ガ**タ　**エ**ス　グ**ラ**ンデ　イ　**ム**イ　ペ**サ**ダ

私の猫は大きくて、とても重い。

ligero / ligera

リ**ヘ**ロ / リ**ヘ**ラ　形容詞

軽い

Tu maleta es **ligera**.

トゥ　マ**レ**タ　**エ**ス　リ**ヘ**ラ

君のスーツケースは軽いね。

sencillo / sencilla センシジョ / センシジャ　形容詞	単純な
Me parece que su problema no es tan **sencillo**. メ パレセ ケ ス プロブレマ ノ エス タン センシジョ	彼の問題はそんな単純なものではないと思うね。
rápido / rápida ラピド / ラピダ　形容詞	速い
lento / lenta レント / レンタ　形容詞	遅い
caliente カリエンテ　形容詞	熱い
familiar ファミリアル　形容詞	親しい
cómodo / cómoda コモド / コモダ　形容詞	快適な

基本の表現

最重要単語

テーマ別基本単語

品詞別基本単語

今すぐ使いたい

さくいん

㊺ 余暇・趣味 58

vacaciones
バカシオネス 名詞 女 | 休暇

Nos tomamos las **vacaciones** durante la Semana Santa. ノス トマモス ラス バカシオネス ドゥランテ ラ セマナ サンタ	私たちは 聖週間の間に休暇を取った。

hobby
ホビ 名詞 男 | 趣味

Mi **hobby** es ver películas. ミ ホビ エス ベル ペリクラス	映画を見るのが私の趣味です。

actividad
アクティビダ 名詞 女 | 活動

Participo en la **actividad** de voluntariado todos los domingos. パルティシポ エン ラ アクティビダ デ ボルンタリアド トドス ロス ドミンゴス	毎週日曜日はボランティア活動に参加している。

cine
シネ 名詞 男 | 映画館

Vamos al **cine**, si te parece. バモス アル シネ シ テ パレセ	よかったら、映画を見に行こうよ。

película
ペリクラ 名詞 女 | 映画

He visto varias veces esta **película**. エ ビスト バリアス ベセス エスタ ペリクラ	この映画は何回も見たよ。

cámara
カマラ　名詞囡

カメラ

Mi **cámara** está rota. ¿Qué puedo hacer?
ミ　カマラ　エスタ　ロト　ケ　プエド　アセル

私のカメラは壊れている。どうしよう。

fotografía
フォトグラフィア　名詞囡

写真

Hay una exposición de **fotografía** en Barcelona.
アイ　ウナ　エクスポシシオン　デ　フォトグラフィア　エン　バルセロナ

写真の展覧会がバルセロナであります。

ajedrez
アヘドレス　名詞男

チェス

¿Sabes jugar al **ajedrez**?
サベス　フガル　アル　アヘドレス

チェスのやり方、知ってる？

dibujo
ディブホ　名詞男

絵

Su **dibujo** obtuvo un buen precio.
ス　ディブホ　オブトゥボ　ウン　ブエン　プレシオ

彼の絵にはいい値が付いた。

paseo
パセオ　名詞男

散歩

Vamos a dar un **paseo** después de la cena.
バモス　ア　ダル　ウン　パセオ　デスプエス　デ　ラ　セナ

夕食の後で散歩に行こう。

基本の表現　最重要単語　テーマ別基本単語　品詞別基本単語　今すぐ使いたい　さくいん

㊻ 文化・芸術　59

arte
アルテ　名詞 🚺

Barcelona es la ciudad de las **artes**. バルセロナ **エ**ス ラ シウ**ダ** デ ラス **ア**ルテス	バルセロナはアートの街です。

▶ 関連語句：bellas artes（美術）、artes marciales（武術）

cultura
クル**トゥ**ラ　名詞 🚺

La comida de cada región es una **cultura** propia. ラ コ**ミ**ダ デ **カ**ダ レヒ**オ**ン **エ**ス **ウ**ナ クル**トゥ**ラ プ**ロ**ピア	各地方の食事は独自の文化だ。

obra
オブラ　名詞 🚺

"Doña Perfecta" es una **obra** de Benito Pérez Galdós. **ド**ニャ ペル**フェ**クタ **エ**ス **ウ**ナ **オ**ブラ デ ベ**ニ**ト **ペ**レス ガル**ド**ス	『ドニャ・ペルフェクタ（完璧な夫人）』はベニート・ペレス＝ガルドスの作品です。

teatro
テ**ア**トロ　名詞 🚹

El **teatro** está al lado del cine. エル テ**ア**トロ エス**タ** アル **ラ**ド デル **シ**ネ	劇場は映画館の隣にあります。

actor
アク**トル**　名詞 🚹

Ese **actor** es un amigo de mi amigo. **エ**セ アク**トル** **エ**ス **ウ**ン ア**ミ**ゴ デ ミ ア**ミ**ゴ	あの俳優、友だちの友だちなんだよ。

actriz
アクトリス　名詞 女

女優

¿Qué te parece esa actriz?
ケ テ パレセ エサ アクトリス

あの女優、どう思う？

cuadro
クアドロ　名詞 男

絵

¿Sabes cuánto cuesta este cuadro?
サベス クアント クエスタ エステ クアドロ

この絵、いくらするか知っている？

flamenco
フラメンコ　名詞 男

フラメンコ

Mi amiga fue a España para aprender flamenco.
ミ アミガ フエ ア エスパニャ パラ アプレンデル フラメンコ

私の友だちはスペインへフラメンコ留学した。

corrida
コリダ　名詞 女

闘牛

¿Ya has visto la corrida de toros?
ジャ アス ビスト ラ コリダ デ トロス

もう闘牛は見た？

baile
バイレ　名詞 男

舞踊

El baile español es mundialmente conocido.
エル バイレ エスパニョル エス ムンディアルメンテ コノシド

スペイン舞踊は世界的に知られている。

基本の表現

最重要単語

テーマ別基本単語

品詞別基本単語

今すぐ使いたい

さくいん

❹ 音楽・楽器 60

música ムシカ　名詞**女**	音楽
Prefiero la **música** clásica al rock. プレフィ**エ**ロ　ラ　**ム**シカ　ク**ラ**シカ　アル　**ロ**ク	ロックよりクラシック音楽が好きです。
piano ピアノ　名詞**男**	ピアノ
violín ビオリン　名詞**男**	バイオリン
guitarra ギ**タ**ラ　名詞**女**	ギター
instrumento インストル**メ**ント　名詞**男**	楽器
¿Sabe tocar algún **instrumento**? **サ**ベ　ト**カ**ル　アル**グ**ン　インストル**メ**ント	何か楽器は弾けますか？
★ instrumento は道具全般を指す言葉で、特に楽器を強調したい場合は、 　instrumento musical とする。	
canción カンシ**オ**ン　名詞**女**	歌
¿Cuál **canción** te gusta más? ク**ア**ル　カンシ**オ**ン　テ　**グ**スタ　**マ**ス	どの歌が一番好きですか？

concierto

コンシ**エ**ルト　名詞 男

コンサート

¿No quieres ir al **concierto** conmigo?
ノ　キ**エ**レス　**イ**ル　アル　コンシ**エ**ルト　コン**ミ**ゴ

一緒にコンサートに行かない？

tocar

ト**カ**ル　動詞

弾く

Ella **toca** el violín todos los días.
エジャ　ト**カ**　エル　ビオ**リ**ン　**ト**ドス　ロス　**ディ**アス

彼女は毎日バイオリンを弾いています。

cantar

カン**タ**ル　動詞

歌う

Vamos a **cantar** juntos.
バモス　ア　カン**タ**ル　**フ**ントス

一緒に歌いましょう。

bailar

バイ**ラ**ル　動詞

踊る

A los colombianos les gusta **bailar**.
ア　ロス　コロンビ**ア**ノス　レス　**グ**スタ　バイ**ラ**ル

コロンビア人は踊るのが好きです。

㊽ スポーツ・ゲーム

🔊 61

deporte

デポルテ　名詞 男

スポーツ

David es bueno en cualquier **deporte**.
ダビ　エス　ブエノ　エン　クアルキエル　デポルテ

ダビはあらゆる
スポーツが得意だ。

correr

コレル　動詞

走る

¿Puedes **correr** ahora?
プエデス　コレル　アオラ

君、今走れますか？

★ poder は、環境なども含めて状態として可能であること。

nadar

ナダル　動詞

泳ぐ

¿Saben **nadar** ustedes?
サベン　ナダル　ウステデス

あなた方は泳げます
か？

★ saber は、その人の能力として可能であること。

jugar

フガル　動詞

プレイする

Carlos quiere **jugar** al tenis contigo.
カルロス　キエレ　フガル　アル　テニス　コンティゴ

カルロスが君とテニ
スをしたがっている。

fútbol

フトボル　名詞 男

サッカー

Pertenezco a un equipo de **fútbol**.
ペルテネスコ　ア　ウン　エキポ　デ　フトボル

私はサッカーチーム
に所属している。

▶ 関連語句：fútbol americano（アメフト）

tenis
テニス　名詞男
テニス

★ 中南米の一部では「スニーカー」のことも指す。

baloncesto
バロンセスト　名詞男
バスケットボール

voleibol
ボレイボル　名詞男
バレーボール

béisbol
ベイスボル　名詞男
野球

★ 中南米では beisbol（アクセントが語尾）となる。

gimnasio
ヒムナシオ　名詞男
ジム

▶ 関連語句：gimnasia（体操 [スポーツ種目]）

piscina
ピスシナ　名詞女
プール

★ 中南米では alberca と言う。

ejercicio
エヘルシシオ　名詞男
練習

esquiar
エスキアル　動詞
スキーをする

Marta me invitó a esquiar con su familia.
マルタ　メ　インビト　ア　エスキアル　コン　ス　ファミリア
マルタが家族とスキーをするのに私を誘ってくれた。

基本の表現

最重要単語

テーマ別基本単語

品詞別基本単語

今すぐ使いたい

さくいん

practicar

プラクティカル　動詞

練習する

Tienes que **practicar** más para ganar.

ティ**エ**ネス　ケ　プラクティ**カ**ル　**マ**ス　パラ　ガ**ナ**ル

勝つためにはもっと練習しなければなりませんよ。

senderismo

センデリスモ　名詞男

ハイキング

El **senderismo** está ahora de moda.

エル　センデ**リ**スモ　エス**タ**　ア**オ**ラ　デ　**モ**ダ

今、ハイキングが流行りです。

juego

フ**エ**ゴ　名詞男

ゲーム

¿Conoces el **juego** de la oca?

コ**ノ**セス　エル　フ**エ**ゴ　デ　ラ　**オ**カ

オカ（すごろくのような遊び）を知ってる？

▶ 関連語句：videojuego（テレビゲーム）

cartas

カルタス　名詞女

トランプ

Mi hermano y yo jugábamos a las **cartas** cada noche.

ミ　エル**マ**ノ　イ　**ジョ**　フ**ガ**バモス　ア　ラス　**カ**ルタス　**カ**ダ　**ノ**チェ

弟と私は毎晩トランプで遊んでいた。

juguete

フ**ゲ**テ　名詞男

おもちゃ

Recoge tus **juguetes** antes de tomar la merienda.

レ**コ**へ　**トゥ**ス　フ**ゲ**テス　**アン**テス　デ　ト**マ**ル　ラ　メリ**エン**ダ

おやつの前におもちゃを片付けなさい。

㊾ メディア 🔊62

---

televisión
テレビシオン　名詞 🔸

テレビ

No debes ver demasiado tiempo la **televisión**.
ノ デベス ベル デマシアド ティエンポ ラ テレビシオン

テレビの見過ぎは
よくないよ。

★ tele と略すことも多い。

---

radio
ラディオ　名詞 🔸

ラジオ

Mi abuela escuchaba la **radio** toda la mañana.
ミ アブエラ エスクチャバ ラ ラディオ トダ ラ マニャナ

祖母は午前中ずっと
ラジオを聴いていた。

---

periódico
ペリオディコ　名詞 🔹

新聞

Mi abuelo lee el **periódico** todas las mañanas.
ミ アブエロ レエ エル ペリオディコ トダス ラス マニャナス

祖父は毎朝、新聞を
読む。

★ 日刊の場合 diario とも言う。

---

revista
レビスタ　名詞 🔸

雑誌

Sale mi cantante favorito en esta **revista**.
サレ ミ カンタンテ ファボリト エン エスタ レビスタ

私の好きな歌手が
この雑誌に出ている。

基本の表現

最重要単語

テーマ別基本単語

品詞別基本単語

今すぐ使いたい

さくいん

quiosco キオスコ　名詞**男**	売店
¿Puedes comprarme un periódico en ese **quiosco**? プエデス コンプラルメ **ウン** ペリ**オ**ディコ エン **エ**セ キ**オ**スコ	そこの売店で新聞を1部買ってきてくれる？
★ 公園の中心にある屋根付きの広場を指すことも多い。	

anuncio ア**ヌ**ンシオ　名詞**男**	通知

noticia ノ**ティ**シア　名詞**女**	ニュース

artículo アル**ティ**クロ　名詞**男**	記事

publicidad ププリシ**ダ**　名詞**女**	広告

periodista ペリオ**ディ**スタ　名詞**男****女**	ジャーナリスト

entrevista エントレ**ビ**スタ　名詞**女**	インタビュー

㊿ 通信 🔊63

teléfono テレフォノ 名詞男	電話
¿Usas el **teléfono** inteligente? ウサス エル テレフォノ インテリヘンテ	スマホは使いますか？
llamar ジャマル 動詞	電話をかける
La profesora de mi hijo me **llamó** ayer. ラ プロフェソラ デ ミ イホ メ ジャモ アジェル	息子の先生が昨日、電話をかけてきた。
llamada ジャマダ 名詞女	電話（がかかってくること）
¿No hubo ninguna **llamada** para mí, papá? ノ ウボ ニングナ ジャマダ パラ ミ パパ	パパ、私あての電話なかった？
recibir レシビル 動詞	受ける
Esta mañana **recibí** una llamada de emergencia. エスタ マニャナ レシビ ウナ ジャマダ デ エメルヘンシア	今朝、緊急の電話を受けた。
fax ファクス 名詞男	ファックス
¿Cómo se envía un **fax**? コモ セ エンビア ウン ファクス	ファックスはどうやって送ればいいの？

基本の表現

最重要単語

テーマ別基本単語

品詞別基本単語

今すぐ使いたい

さくいん

153

correo

コレオ　名詞 男

郵便

Voy a la oficina de **correos** para comprar unos sellos.
ボイ　ア　ラ　オフィシナ　デ　コレオス　パラ　コンプラル　ウノス　セジョス

切手を買いに郵便局に行ってくるよ。

correo electrónico

コレオ　エレクトロニコ　名詞 男

電子メール

¿Me das tu **correo electrónico**?
メ　ダス　トゥ　コレオ　エレクトロニコ

メアドを教えてくれる？

carta

カルタ　名詞 女

手紙

Ayer me llegó una **carta**.
アジェル　メ　ジェゴ　ウナ　カルタ

昨日、私のところに一通の手紙が届きました。

sobre

ソブレ　名詞 男

封筒

¿Tienen unos **sobres** más grandes?
ティエネン　ウノス　ソブレス　マス　グランデス

もっと大きな封筒はありますか？

sello

セジョ　名詞 男

切手

Pon el **sello** aquí.
ポン　エル　セジョ　アキ

ここに切手を貼って。

★ 中南米では estampilla と言う。

internet
インテルネ　名詞男

インターネット

No puedo conectarme a **internet**.
ノ　プエド　コネク**タ**ルメ　ア　インテル**ネ**

インターネットにつながりません。

arroba
ア**ロ**バ　名詞女

アットマーク

Mi correo es español dos mil veinte **arroba** xxx punto com.
ミ　コ**レ**オ　**エ**ス　エスパ**ニョ**ル　ドス　ミル　ベインテ　ア**ロ**バ　エキス　エキス　エキス　**プ**ント　**コ**ム

私のアドレスはespañol2020@xxx.com です。

página web
パヒナ　**ウェ**ブ　名詞女

ウェブサイト

¿Tienen **página web** en japonés?
ティ**エ**ネン　**パ**ヒナ　**ウェ**ブ　エン　ハ**ポ**ネス

日本語のサイトはありますか？

red
レ　名詞女

ネットワーク

Ya tenemos una buena **red** de contactos.
ジャ　テ**ネ**モス　**ウ**ナ　ブ**エ**ナ　レ　デ　コン**タ**クトス

私たちにはもうよい人脈ネットワークがあります。

enviar
エンビ**ア**ル　動詞

送る

Gracias por **enviar**me este mensaje.
グ**ラ**シアス　ポル　エンビ**ア**ルメ　**エ**ステ　メン**サ**へ

メッセージを送ってくれてありがとう。

51 旅 🔊 64

viaje ビアヘ 名詞 男	旅行
"¡Buen **viaje**!" "Gracias." ブ**エ**ン ビ**ア**ヘ　グ**ラ**シアス	「良い旅を」 「ありがとう」
viajar ビア**ハ**ル 動詞	旅行する
Voy a **viajar** por algunos países en Latinoamérica. **ボ**イ ア ビア**ハ**ル ボル アル**グ**ノス パ**イ**セス エン ラティノア**メ**リカ	中南米の国をいくつか旅行する予定です。
información インフォルマシ**オ**ン 名詞 女	情報
turismo トゥ**リ**スモ 名詞 男	観光
La oficina de **turismo** se encuentra ahí. ラ オフィ**シ**ナ デ トゥ**リ**スモ セ エンク**エ**ントラ ア**イ**	観光案内所はあそこですよ。
turista トゥ**リ**スタ 名詞 男 女	観光客
Allá, mire, hacen fila los **turistas**. ア**ジャ** ミレ **ア**セン **フィ**ラ ロス トゥ**リ**スタス	あそこ、ほら、観光客が列を作っているでしょう。

基本の表現

最重要単語

テーマ別基本単語

品詞別基本単語

今すぐ使いたい

さくいん

pasaporte パサポルテ　名詞男		パスポート
Me permite su **pasaporte**, por favor. メ　ペルミテ　ス　パサポルテ　ポル　ファ**ボル**		パスポートの提示 をお願いします。 （定型表現）
maleta マレタ　名詞女		スーツケース
bolsa ボルサ　名詞女		手提げ袋
plano プラノ　名詞男		地図 （市街地図など）
mapa マパ　名詞男		地図 （世界地図など）
guía ギア　名詞女		ガイドブック
★「ガイド（人）」は男性名詞にもなる。		
reserva レセルバ　名詞女		予約
★中南米では reservación も使われる。		
billete ビジェテ　名詞男		切符
★中南米では boleto もよく使われる。「紙幣」の意味もある。		

vuelo ブエロ　名詞男	（飛行機の）便
ida イダ　名詞女	往路
vuelta ブエルタ　名詞女	復路
¿Compraste el billete de ida y **vuelta**? コンプラステ　エル　ビジェテ　デ　イダ　イ　ブエルタ	往復のチケットを買いましたか？
viajero / viajera ビアヘロ　名詞男 / ビアヘラ　名詞女	旅行者
alojamiento アロハミエント　名詞男	宿泊施設
hotel オテル　名詞男	ホテル
hostal オスタル　名詞男	ホステル
propina プロピナ　名詞女	チップ
excursión エクスクルシオン　名詞女	ツアー

encima エンシマ　副詞	上に
Hay una gata durmiendo **encima** del coche. アイ　**ウ**ナ　**ガ**タ　ドゥルミ**エ**ンド　エン**シ**マ　デル　**コ**チェ	猫が車の上で寝ている。
enfrente エンフ**レ**ンテ　副詞	前に
Te veo **enfrente** de la escuela. テ　**ベ**オ　エンフ**レ**ンテ　デ　ラ　エスク**エ**ラ	学校の前で待ってるよ。
lado **ラ**ド　名詞男	横
Quiero reservar un asiento al **lado** de la ventana (del pasillo). キ**エ**ロ　レセル**バ**ル　**ウ**ン　アシ**エ**ント　アル　**ラ**ド　デ　ラ　ベン**タ**ナ　（デル　パ**シ**ジョ）	窓際（通路側）の席を予約したいのですが。
fin **フィ**ン　名詞男	最後
exterior エクステリ**オ**ル　形容詞	外側の
interior インテリ**オ**ル　形容詞	内側の

norte ノルテ　名詞 男	北
este エステ　名詞 男	東
oeste オエステ　名詞 男	西
sur スル　名詞 男	南
La estación está al **sur** de la ciudad. ラ　エスタシ**オ**ン　エス**タ**　アル　**ス**ル　デ　ラ　シウ**ダ**	駅は街の南にあります。

(53) 月の名前・季節 66

enero エネロ 名詞 男	1月
El 27 de **enero** es el cumpleaños de mi hermano. エル ベインティシ**エ**テ デ エ**ネ**ロ **エ**ス エル クンプレ**ア**ニョス デ ミ エル**マ**ノ	1月27日は弟の誕生日です。
febrero フェブレロ 名詞 男	2月
Japón cuenta con dos días festivos en **febrero**. ハ**ポ**ン ク**エ**ンタ コン **ド**ス **ディ**アス フェス**ティ**ボス エン フェブ**レ**ロ	日本では2月に祝日が2日あります。
marzo マルソ 名詞 男	3月
abril アブリル 名詞 男	4月
mayo マジョ 名詞 男	5月
junio フニオ 名詞 男	6月

julio フリオ　名詞男	7月
agosto アゴスト　名詞男	8月
septiembre セプティエンブレ　名詞男	9月
octubre オクトゥブレ　名詞男	10月
noviembre ノビエンブレ　名詞男	11月
diciembre ディシエンブレ　名詞男	12月
estación エスタシオン　名詞女	季節
Las cuatro **estaciones** de Japón son muy marcadas. ラス　クアトロ　エスタシオネス　デ　ハポン　ソン　ムイ　マ ルカダス	日本の四季はとても はっきりしている。
★「駅」の意味もある。	

primavera プリマベラ　名詞 🔴		春
En **primavera** florecen los cerezos. エン　プリマベラ　フロ**レ**セン　ロス　セ**レ**ソス		春には桜の花が咲きます。
verano ベラノ　名詞 🔵		夏
Ha llegado el **verano**. **ア**　ジェ**ガ**ド　エル　ベラノ		夏がやってきた。
otoño オト**ニョ**　名詞 🔵		秋
invierno インビ**エ**ルノ　名詞 🔵		冬

**ワン
ポイント**　日付の書き方は、数字で「日」＋ de ＋「月の名前」＋
de ＋数字で「年」

例 20 de junio de 2020

曜日を入れる場合は前に入れる。

例 jueves, 29 de octubre de 2020

基本の表現

最重要単語

テーマ別基本単語

品詞別基本単語

今すぐ使いたい

さくいん

❺❹ 天気・天候 🔊 67

llover ジョベル　動詞	雨が降る
Esta mañana **llovió** fuerte. エスタ　マニャナ　ジョビ**オ**　フエルテ	今日の午前は雨が強かった。
nevar ネバル　動詞	雪が降る
¡Cómo **nieva**! コモ　ニエバ	すごい雪だよ！
viento ビエント　名詞男	風
Hizo un **viento** muy fuerte. イソ　ウン　ビエント　ムイ　フエルテ	とても強い風が吹いた。
lluvia ジュビア　名詞女	雨
La **lluvia** se convertirá en nieve. ラ　ジュビア　セ　コンベルティラ　エン　ニエベ	雨は雪へと変わるだろう。
nieve ニエベ　名詞女	雪
Su mano es blanca como la **nieve**. ス　マノ　エス　ブランカ　コモ　ラ　ニエベ	彼女の手は雪のように白い。
niebla ニエブラ　名詞女	霧

基本の表現

最重要単語

テーマ別基本単語

品詞別基本単語

今すぐ使いたい

さくいん

tormenta
トルメンタ　名詞 **女**

嵐

nube
ヌベ　名詞 **女**

雲

sol
ソル　名詞 **男**

太陽

Hace mucho **sol** hoy.
アセ　ムチョ　ソル　オイ

今日はとてもよく晴れている。

tiempo
ティエンポ　名詞 **男**

天気

¿Qué **tiempo** hizo allá?
ケ　ティエンポ　イソ　アジャ

そっちの天気はどうだった？

★「時間」の意味もある。

clima
クリマ　名詞 **男**

天候

El **clima** de esta región es muy suave.
エル　クリマ　デ　エスタ　レヒオン　エス　ムイ　スアベ

この地方の天候はとても穏やかだ。

55 自然・動物・虫  68

# naturaleza ナトゥラレサ　名詞**女**	自然
Somos también una parte de la **naturaleza**. ソモス　タンビエン　ウナ　パルテ　デ　ラ　ナトゥラレサ	私たちも自然の一部だ。
# bosque ボスケ　名詞**男**	森
Cerca de mi casa hay un **bosque** pequeño. セルカ　デ　ミ　カサ　アイ　ウン　ボスケ　ペケニョ	家の近くに小さな森がある。
# montaña モンタニャ　名詞**女**	山
Mis amigos fueron hoy a escalar a la **montaña**. ミス　アミゴス　フエロン　オイ　ア　エスカラル　ア　ラ　モンタニャ	友人たちは今日、山登りに行った。
# árbol アルボル　名詞**男**	木
Los **árboles** de la calle son bonitos. ロス　アルボレス　デ　ラ　カジェ　ソン　ボニトス	街路樹がきれいだ。
# flor フロル　名詞**女**	花

hoja オハ　名詞 **女**	葉
★「紙」の意味もある。	

arena アレナ　名詞 **女**	砂

río リオ　名詞 **男**	川

lago ラゴ　名詞 **男**	湖

mar マル　名詞 **男**	海

playa プラジャ　名詞 **女**	海岸

isla イスラ　名詞 **女**	島

aire アイレ　名詞 **男**	空気
★「風」の意味もある。アルゼンチンの首都 Buenos Aires は「良い風」の意味。	

luna ルナ　名詞**女**	月
estrella エストレジャ　名詞**女**	星
cielo シエロ　名詞**男**	空
sombra ソンブラ　名詞**女**	影
animal アニマル　名詞**男**	動物
perro / perra ペロ　名詞**男** / ペラ　名詞**女** ▶ 関連語句：mascota（ペット）	犬
gato / gata ガト　名詞**男** / ガタ　名詞**女**	猫
caballo カバジョ　名詞**男**	馬（雄馬）
toro トロ　名詞**男**	雄牛

☐☐	**vaca** バカ　名詞**女**	雌牛
☐☐	**gallina** ガジナ　名詞**女**	雌鶏
☐☐	**pájaro** パハロ　名詞**男**	鳥
☐☐	**pez** ペス　名詞**男**	魚

★生き物としての「魚」は pez、食材としての「魚」は pescado。

☐☐	**bicho** ビチョ　名詞**男**	虫
☐☐	**mosca** モスカ　名詞**女**	ハエ
☐☐	**mosquito** モス**キ**ト　名詞**男**	蚊

★中南米では zancudo と言う。

☐☐	**araña** アラニャ　名詞**女**	クモ

基本の表現

最重要単語

テーマ別基本単語

品詞別基本単語

今すぐ使いたい

さくいん

❺❻ 政治・地理 69

país パイス　名詞 男	国

capital カピタル　名詞 女	首都
★男性名詞 el capital は「資本」。	

región レヒオン　名詞 女	地方

rey レイ　名詞 男	王
▶関連語句：reina（女王）、príncipe（王子）、princesa（王女）	

gobierno ゴビエルノ　名詞 男	政府

política ポリティカ　名詞 女	政治

pueblo プエブロ　名詞 男	町
★「村」や「国民」の意味もある。	

ley レイ　名詞 女	法

57 文学・本・言語 🔊 70

libro リブロ　名詞**男**	本
El profesor me dio un **libro**. エル　プロフェ**ソ**ル　メ　ディ**オ**　**ウン**　**リ**ブロ	教授は僕に1冊の本を くれた。
leer レ**エ**ル　動詞	読む
Estoy **leyendo** poco a poco "Cien años de soledad". エス**ト**イ　レ**ジェ**ンド　**ポ**コ　ア　**ポ**コ　シ**エ**ン　**ア**ニョス　デ　ソレ**ダ**	僕は少しずつ『百年の 孤独』を読んでいる。
novela ノ**ベ**ラ　名詞**女**	小説
¿Qué tipo de **novela** te gusta? **ケ**　**ティ**ポ　デ　ノ**ベ**ラ　テ　**グ**スタ	どんなタイプの小説が 好きですか？
poema ポ**エ**マ　名詞**男**	詩
Leo mi **poema** favorito cada día. **レ**オ　ミ　ポ**エ**マ　ファ**ボ**リト　**カ**ダ　**ディ**ア	私はお気に入りの詩を 毎日読んでいます。
poesía ポエ**シ**ア　名詞**女**	詩篇
He hecho una **poesía** para tí. **エ**　**エ**チョ　**ウ**ナ　ポエ**シ**ア　パラ　**ティ**	君のために詩を作った よ。

基本の表現

最重要単語

テーマ別基本単語

品詞別基本単語

今すぐ使いたい

さくいん

cuento クエント 名詞**男**	話
escritor エスクリ**ト**ル 名詞**男**	文章作家
autor ア**ウ**トル 名詞**男**	作者
★「犯人」の意味もある。	
diccionario ディクシオ**ナ**リオ 名詞**男**	辞書
letra **レ**トラ 名詞**女**	文字
frase フ**ラ**セ 名詞**女**	文
idioma イ**ディ**オマ 名詞**男**	言語
▶ 関連語句：idioma español（スペイン語）	
lengua **レ**ングア 名詞**女**	言語
▶ 関連語句：lengua española（スペイン語） ★「舌」の意味もある。	

基本の表現

最重要単語

テーマ別基本単語

品詞別基本単語

今すぐ使いたい

さくいん

lenguaje
レングア**ア**へ　名詞男

言語活動

palabra
パ**ラ**ブラ　名詞女

単語

¿Qué significa esta **palabra**?
ケ　シグニ**フィ**カ　**エ**スタ　パ**ラ**ブラ

この単語はどういう意味ですか？

★ palabras で「発言」の意味にもなる。

gramática
グラ**マ**ティカ　名詞女

文法

Eres muy bueno con la **gramática**.
エレス　**ム**イ　ブ**エ**ノ　コン　ラ　グラ**マ**ティカ

君はとても文法が得意だね。

diálogo
ディ**ア**ロゴ　名詞男

対話

El **diálogo** de los dos fue muy interesante.
エル　ディ**ア**ロゴ　デ　ロス　**ド**ス　フ**エ**　**ム**イ　インテレ**サ**ンテ

二人の対話はとても興味深かった。

ワンポイント lengua española と idioma español はどちらも「スペイン語」を表すが、lengua と idioma の違いとしては、lengua は広く言葉や言語という機能そのものを意味し、それに対して、idioma はそれぞれの国や地域で話されている個別の言語を指す。

58 国・国籍・言語 🔊71

☐ **Japón**
ハポン　固有名詞

日本

Soy de **Japón**.
ソイ　デ　ハポン

私は日本の出身です。

☐ **japonés**
ハポネス　名詞**男** / 形容詞

japonesa
ハポネサ　名詞**女** / 形容詞

日本人（男性）
／日本人（女性）
／日本の

Mi novia es **japonesa**.
ミ　ノビア　エス　ハポネサ

私の彼女は日本人です。

☐ **japonés**
ハポネス　名詞**男**

日本語

Los estudiantes hablan **japonés**
muy bien.
ロス　エストゥディアンテス　**ア**ブラン　ハポネス　**ム**イ
ビエン

学生たちは日本語を上手
に話します。

☐ **España**
エスパニャ　固有名詞

スペイン

¿Queréis ir a **España**?
ケレイス　**イ**ル　ア　エス**パ**ニャ

君たちはスペインに行き
たいですか？

español エスパニョル　名詞**男**／形容詞 **española** エスパニョラ　名詞**女**／形容詞	スペイン人（男性） ／スペイン人（女性） ／スペインの
Somos **españoles**. ソモス　エスパニョレス	私たちはスペイン人です。
español エスパニョル　名詞**男**	スペイン語
Me gusta el sonido del **español**. メ　グスタ　エル　ソニド　デル　エスパニョル	僕はスペイン語の音が好きだ。
México メヒコ　固有名詞	メキシコ
Se habla español en **México**. セ　アブラ　エスパニョル　エン　メヒコ	メキシコではスペイン語が話されている。
mexicano メヒ**カ**ノ　名詞**男**／形容詞 **mexicana** メヒ**カ**ナ　名詞**女**／形容詞	メキシコ人（男性） ／メキシコ人（女性） ／メキシコの
Ana no es de España. Es **mexicana**. アナ　ノ　**エ**ス　デ　エスパニャ　**エ**ス　メヒ**カ**ナ	アナはスペイン出身じゃない。メキシコ人だよ。

Estados Unidos

エスタドス　ウニドス　名詞

アメリカ合衆国

Fuimos a **Estados Unidos** el año pasado.

フイモス　ア　エス**タ**ドス　ウ**ニ**ドス　エル　**ア**ニョ　パ**サ**ド

去年、私たちは米国に行きました。

★ 略して EE. UU. や EEUU と書く。

estadounidense

エスタドウニ**デ**ンセ　名詞**男女**／形容詞

アメリカ人／
アメリカの

Rita vive en Japón pero es **estadounidense**.

リタ　**ビ**ベ　エン　ハ**ポ**ン　**ペ**ロ　**エ**ス　エスタドウニ**デ**ンセ

リタは日本に住んでいますが、アメリカ人です。

inglés

イング**レ**ス　名詞

英語

Busco un diccionario de español a **inglés**.

ブスコ　**ウ**ン　ディクシ**オ**ナリオ　デ　エスパ**ニョ**ル　ア　イング**レ**ス

西英辞典を探しています。

🔊 72

スペイン、メキシコ以外の主なスペイン語圏の国々

国		国籍・～人
Argentina アルヘン**ティ**ナ	アルゼンチン	**argentino** アルヘン**ティ**ノ **argentina** アルヘン**ティ**ナ
Bolivia ボ**リ**ビア	ボリビア	**boliviano** ボリ**ビ**アノ **boliviana** ボリ**ビ**アナ

基本の表現

最重要単語

テーマ別基本単語

品詞別基本単語

今すぐ使いたい

さくいん

国		国籍・〜人
Chile チレ	チリ	**chileno** チレノ **chilena** チレナ
Colombia コロンビア	コロンビア	**colombiano** コロンビアノ **colombiana** コロンビアナ
Costa Rica コスタ リカ	コスタリカ	**costarricense** コスタリセンセ
Cuba クバ	キューバ	**cubano** クバノ **cubana** クバナ
Ecuador エクアドル	エクアドル	**ecuatoriano** エクアトリアノ **ecuatoriana** エクアトリアナ
El Salvador エル サルバドル	エルサルバドル	**salvadoreño** サルバドレニョ **salvadoreña** サルバドレニャ
Guatemala グアテマラ	グアテマラ	**guatemalteco** グアテマルテコ **guatemalteca** グアテマルテカ
Honduras オンドゥラス	ホンジュラス	**hondureño** オンドゥレニョ **hondureña** オンドゥレニャ
Nicaragua ニカラグア	ニカラグア	**nicaragüense** ニカラグエンセ
Panamá パナマ	パナマ	**panameño** パナメニョ **panameña** パナメニャ

国		国籍・〜人
Paraguay パラグ**ア**イ	パラグアイ	**paraguayo** パラグ**ア**ジョ **paraguaya** パラグ**ア**ジャ
Perú ペル	ペルー	**peruano** ペル**ア**ノ **peruana** ペル**ア**ナ
Puerto Rico プ**エ**ルト　**リ**コ	プエルトリコ ※アメリカ領の自治区。	**puertorriqueño** プエルトリケニョ **puertorriqueña** プエルトリケニャ
República Dominicana レプブリカ　ドミニ**カ**ナ	ドミニカ共和国	**dominicano** ドミニ**カ**ノ **dominicana** ドミニ**カ**ナ
Uruguay ウルグ**ア**イ	ウルグアイ	**uruguayo** ウルグ**ア**ジョ **uruguaya** ウルグ**ア**ジャ
Venezuela ベネス**エ**ラ	ベネズエラ	**venezolano** ベネソラノ **venezolana** ベネソラナ

スペイン語圏以外の主な国々

国		国籍・〜人	主な言語
Alemania アレ**マ**ニア	ドイツ	**alemán** アレマン **alemana** アレマナ	**alemán** アレマン
Brasil ブラジル	ブラジル	**brasileño** ブラシレニョ **brasileña** ブラシレニャ	**portugués** ポルトゥゲス

国		国籍・〜人	主な言語
Canadá カナ**ダ**	カナダ	**canadiense** カナディ**エ**ンセ	**inglés** イング**レ**ス
China **チ**ナ	中国	**chino** **チ**ノ **china** **チ**ナ	**chino** **チ**ノ
Corea del Sur コ**レ**ア　デル　**ス**ル	韓国	**coreano** コレ**ア**ノ **coreana** コレ**ア**ナ	**coreano** コレ**ア**ノ
Francia フ**ラ**ンシア	フランス	**francés** フラン**セ**ス **francesa** フラン**セ**サ	**francés** フラン**セ**ス
Reino Unido **レ**イノ　ウ**ニ**ド	イギリス	**británico** ブリ**タ**ニコ **británica** ブリ**タ**ニカ	**inglés** イング**レ**ス
Italia イ**タ**リア	イタリア	**italiano** イタリ**ア**ノ **italiana** イタリ**ア**ナ	**italiano** イタリ**ア**ノ
Portugal ポル**トゥ**ガル	ポルトガル	**portugués** ポルトゥ**ゲ**ス **portuguesa** ポルトゥ**ゲ**サ	**portugués** ポルトゥ**ゲ**ス
Rusia **ル**シア	ロシア	**ruso** **ル**ソ **rusa** **ル**サ	**ruso** **ル**ソ

基本の表現

最重要単語

テーマ別基本単語

品詞別基本単語

今すぐ使いたい

さくいん

主な都市

Madrid マドリ	マドリード
Barcelona バルセロナ	バルセロナ
Sevilla セビジャ	セビリア
Granada グラナダ	グラナダ
Mallorca マジョルカ	マジョルカ島
Ciudad de México シウダ デ メヒコ	メキシコシティ
Buenos Aires ブエノス アイレス	ブエノスアイレス
La Paz ラ パス	ラパス
Santiago サンティアゴ	サンティアゴ
Lima リマ	リマ
Nueva York ヌエバ ジョルク	ニューヨーク
Seúl セウル	ソウル
París パリス	パリ
Londres ロンドレス	ロンドン

品詞別基本単語

基本の表現

最重要単語

テーマ別基本単語

品詞別基本単語

今すぐ使いたい

さくいん

❶ 動 詞

🔊 73

abrir
アブリル

開ける

¿Puedes **abrir** la ventana?
プエデス アブリル ラ ベンタナ

窓を開けてもらえる？

acabar
アカバル

終わる／終える

Acabo de comer.
アカボ デ コメル

食べたばかりです。

★ acabar（現在形）de 不定詞　〜し終えたばかりだ。

aceptar
アセプタル

受け入れる

No voy a **aceptar** su invitación.
ノ ボイ ア アセプタル ス インビタシオン

彼の招待は受けないつもりです。

acordar
アコルダル

合意する

Acordamos reunirnos mañana.
アコルダモス レウニルノス マニャナ

私たちは明日集まることで合意した。

acordarse
アコルダルセ

覚えている

Me acuerdo mucho de mi infancia.
メ アクエルド ムチョ デ ミ インファンシア

私は子供時代のことをよく覚えている。

acostarse
アコス**タ**ルセ

横になる

Acuéstate ya. Son las diez y media.
アク**エ**スタテ ジャ **ソ**ン ラス ディ**エ**ス イ **メ**ディア

もう寝なさい。10時半だよ。

alquilar
アルキ**ラ**ル

借りる

La señorita **alquila** una habitación a mi abuela.
ラ セニョ**リ**タ アル**キ**ラ **ウ**ナ アビタシ**オ**ン ア ミ アブ**エ**ラ

そのお嬢さんは私の祖母から部屋を借りている。

★中南米では renter を使うことが多い。文脈によって「貸す」の意味にもなる。

amar
ア**マ**ル

愛する

Nos **amábamos** mucho.
ノス ア**マ**バモス **ム**チョ

私たちはとても愛し合っていた。

andar
アン**ダ**ル

歩く

Vamos **andando**.
バモス アン**ダ**ンド

歩いて行こう。

aprobar
アプロ**バ**ル

受かる

He **aprobado** el examen.
エ アプロ**バ**ド エル エク**サ**メン

私は試験に受かった。

基本の表現

最重要単語

テーマ別基本単語

品詞別基本単語

今すぐ使いたい

さくいん

183

☐ **aumentar** アウメン**タ**ル	増やす
Necesitan **aumentar** su tiempo de estudio. ネセ**シ**タン　アウメン**タ**ル　ス　ティ**エ**ンポ　デ　エス**トゥ**ディオ	あなたたちはもっと勉強時間を増やす必要があります。
☐ **ayudar** アジュ**ダ**ル	助ける
¿Puedes **ayudar**me con los deberes? プ**エ**デス　アジュ**ダ**ルメ　コン　ロス　デ**ベ**レス	宿題を手伝ってくれる？
☐ **buscar** ブス**カ**ル	探す
¿Me puedes ayudar a **buscar** mi maleta? メ　プ**エ**デス　アジュ**ダ**ル　ア　ブス**カ**ル　ミ　マ**レ**タ	私のスーツケースを探すの、手伝ってくれない？
☐ **caer** カ**エ**ル	落ちる
Se me **cayó** el vaso al suelo. セ　メ　カ**ジョ**　エル　**バ**ソ　アル　ス**エ**ロ	私はコップを床に落とした。
☐ **calentar** カレン**タ**ル	温める
Tenemos que **calentar** la sopa. テ**ネ**モス　ケ　カレン**タ**ル　ラ　**ソ**パ	スープを温めないといけない。

caminar
カミナル

歩く

¿Puedes **caminar** solo?
プエデス カミナル ソロ

一人で歩ける？

cerrar
セラル

閉める

Ya está **cerrado** el hospital.
ジャ エスタ セラド エル オスピタル

病院はもう閉まっています。

cocinar
コシナル

料理する

Ellas **cocinaron** para mí.
エジャス コシナロン パラ ミ

彼女たちは私のために料理をしてくれた。

comenzar
コメンサル

始める

Otros estudiantes **comenzaron** a estudiar.
オトロス エストゥデアンテス コメンサロン ア エストゥディアル

ほかの学生たちは勉強し始めた。

compartir
コンパルティル

共有する

Tenéis que **compartir** la merienda.
テネイス ケ コンパルティル ラ メリエンダ

君たちはおやつを分け合わなくてはなりません。

completar
コンプレ**タ**ル

完成させる

Hay que **completar** esta tarea dentro de unos días.

アイ ケ コンプレ**タ**ル **エ**スタ タ**レ**ア **デ**ントロ デ **ウ**ノス **ディ**アス

この仕事は2、3日中に完成させなければならない。

comprender
コンプレン**デ**ル

理解する

Es difícil **comprender** su forma de pensar.

エス ディ**フィ**シル コンプレン**デ**ル ス **フォ**ルマ デ ペン**サ**ル

彼女の考え方を理解するのは大変だ。

conocer
コ**ノ**セル

知る

Conocí a Jessie en México.

コノ**シ** ア **ジェ**シ エン **メ**ヒコ

僕はメキシコでジェシーと知り合った。

conseguir
コンセ**ギ**ル

得る

Me alegra **conseguir** nuevos clientes.

メ ア**レ**グラ コンセ**ギ**ル ヌ**エ**ボス クリ**エ**ンテス

新しい顧客を得るのはうれしいことだ。

consultar
コンスル**タ**ル

相談する

Consulté con mi profesor sobre mi futuro.

コンスル**テ** コン ミ プロフェ**ソ**ル ソブレ ミ フ**トゥ**ロ

私は先生に将来について相談した。

contar
コン**タ**ル

① 数える
② 話す

① ¿Puedes **contar** hasta cien?
プ**エ**デス　コン**タ**ル　アスタ　シ**エ**ン

100 まで数えられる？

② ¿Qué me **cuentas**?
ケ　メ　ク**エ**ンタス

君の話って何？

contestar
コンテス**タ**ル

答える

No hay que **contestar** si no quiere.
ノ　**ア**イ　ケ　コンテス**タ**ル　シ　ノ　キ**エ**レ

おっしゃりたくないならお答えにならなくて結構です。

continuar
コンティ**ヌア**ル

続ける

¿**Continúas** estudiando el vocabulario del español?
コンティ**ヌ**アス　エストゥディ**ア**ンド　エル　ボカブ**ラ**リオ　デル　エスパ**ニョ**ル

スペイン語単語の勉強は続けてる？

cortar
コル**タ**ル

切る

Mi novia está **cortando** las patatas.
ミ　ノビア　エス**タ**　コル**タ**ンド　ラス　パ**タ**タス

僕の彼女はじゃがいもを切っている。

crecer
クレ**セ**ル

育つ

Los niños **crecen** cada día.
ロス　ニ**ニョ**ス　クレセン　**カ**ダ　**ディ**ア

子供たちは日に日に成長している。

基本の表現

最重要単語

テーマ別基本単語

品詞別基本単語

今すぐ使いたい

さくいん

🔊74

creer
クレ**エ**ル

信じる

¿En serio? No puedo **creer**lo.
エン セリオ ノ プ**エ**ド クレ**エ**ルロ

本当に？ そんなの信じられないな。

dar
ダル

与える

Te **doy** un beso.
テ ド**イ** ウン ベソ

君にキスをしよう。

decidir
デシ**ディ**ル

決める

No hay que **decidir**lo ahora.
ノ ア**イ** ケ デシ**ディ**ルロ ア**オ**ラ

今、それを決める必要はありません。

dejar
デ**ハ**ル

置いておく

Entonces, ¿puedo **dejar** un recado?
エン**ト**ンセス プ**エ**ド デ**ハ**ル ウン レ**カ**ド

では、伝言いいですか？

descansar
デスカン**サ**ル

休憩する

Ya quiero **descansar** un poco.
ジャ キ**エ**ロ デスカン**サ**ル ウン **ポ**コ

そろそろ少し休みたい。

desear
デセアル

望む

No solo lo **deseo**, sino que también puedo.
ノ ソロ ロ デセオ シノ ケ タンビエン プエド

望んでいるだけじゃなくて、僕にはそれができる。

devolver
デボルベル

戻す

Devuélveme el dinero ahora mismo.
デブエルベメ エル ディネロ アオラ ミスモ

今すぐお金を返してくれ。

dibujar
ディブハル

描く

Mi hermana sabe **dibujar** muy bien.
ミ エルマナ サベ ディブハル ムイ ビエン

私の妹は絵を描くのがとてもうまい。

dormir
ドルミル

眠る

Mamá, léeme algún libro antes de **dormir**.
ママ レエメ アルグン リブロ アンテス デ ドルミル

ママ、寝る前にご本を読んで。

echar
エチャル

放る

¿Puedo **echar** aquí la basura?
プエド エチャル アキ ラ バスラ

ゴミはここに捨てていい?

empezar
エンペ**サル**

始める、始まる

La clase **empieza** a las nueve.
ラ ク**ラ**セ エンピ**エ**サ ア ラス ヌ**エ**ベ

クラスは9時に始まる。

empujar
エンプ**ハル**

押す

Hay que **empujar** aquí para abrir la ventana.
アイ ケ エンプ**ハル** ア**キ** パラ アブ**リ**ル ラ ベン**タ**ナ

窓を開けるにはここを押さなければいけません。

★ 建物のドアに EMPUJE（押す）、TIRE/JALE（引く）の表示がある。

encender
エンセン**デル**

（電気や火を）
つける

¡**Enciende** la llama de tu corazón!
エンシ**エ**ンデ ラ **ジャ**マ デ トゥ コラ**ソ**ン

ハートに火をつけろ！

encontrar
エンコント**ラル**

見つける

Finalmente **encontré** el libro que buscaba.
フィ**ナ**ルメンテ エンコント**レ** エル **リ**ブロ ケ ブス**カ**バ

ようやく探していた本が見つかった。

entender
エンテン**デル**

理解する

Según este estudio los perros **entienden** las palabras humanas.
セ**グ**ン **エ**ステ エス**トゥ**ディオ ロス **ペ**ロス エンティ**エ**ンデン ラス パ**ラ**ブラス ウ**マ**ナス

この研究によると、犬は人間の言葉を理解するそうだ。

entrar
エントラル

入る

¿Me permite **entrar** en la clase?
メ ベルミテ エントラル エン ラ クラセ

教室に入ってもいいですか？

esperar
エスペラル

待つ

Te **esperamos** allá, enfrente del quiosco.
テ エスペラモス アジャ エンフレンテ デル キオスコ

僕たちはあそこ、売店の前で君を待ってるよ。

explicar
エクスプリカル

説明する

¿Me **explico**?
メ エクスプリコ

おわかりでしょうか？（説明できていますか？）

faltar
ファルタル

不足している

Me **falta** tiempo.
メ ファルタ ティエンポ

僕には時間がない。

fumar
フマル

タバコを吸う

¿Se puede **fumar** aquí?
セ プエデ フマル アキ

ここでタバコを吸えますか？

基本の表現

最重要単語

テーマ別基本単語

品詞別基本単語

今すぐ使いたい

さくいん

ganar ガ**ナ**ル		手に入れる
Él deseaba **ganar** el Premio Nobel. エル　デセ**ア**バ　ガ**ナ**ル　エル　プ**レ**ミオ　ノ**ベ**ル		彼はノーベル賞をとりたいと望んでいた。
invitar インビ**タ**ル		招待する
Gracias por **invitar**me. グ**ラ**シアス　ポル　インビ**タ**ルメ		ご招待に感謝します。
llegar ジェ**ガ**ル		到着する
¿A qué hora **llega** el tren? ア　**ケ**　**オ**ラ　**ジェ**ガ　エル　ト**レ**ン		電車は何時に着きますか？
llevar ジェ**バ**ル		持っていく
Para **llevar**, por favor. **パ**ラ　ジェ**バ**ル　ポル　ファ**ボ**ル		持ち帰りでお願いします。（定型表現）
llorar ジョ**ラ**ル		泣く
No **llores** tanto... ノ　**ジョ**レス　**タ**ント		そんなに泣くなよ…
matar マ**タ**ル		殺す
Ella no puede **matar** ni a un bicho. **エ**ジャ　ノ　プ**エ**デ　マ**タ**ル　ニ　ア　**ウ**ン　**ビ**チョ		彼女は虫を殺すこともできません。

meter
メテル

入れる

No puedes **meter** nada en la cama.
ノ プ**エ**デス メテル **ナ**ダ エン ラ **カ**マ

ベッドの中には何も
入れちゃだめよ。

mover
モベル

動かす

¿Puedes **mover** este escritorio?
プ**エ**デス モベル **エ**ステ エスクリ**ト**リオ

この机を動かしてく
れる？

necesitar
ネセシ**タ**ル

必要とする

Necesito comprar alguna comida.
ネセ**シ**ト コンプ**ラ**ル アル**グ**ナ コ**ミ**ダ

何か食べ物を買わな
くちゃ。

olvidar
オルビ**ダ**ル

忘れる

Ya **olvída**lo.
ジャ オル**ビ**ダロ

もうそのことは忘れ
なさい。

parecer
パレ**セ**ル

〜のようである

Parece que hay algún problema.
パ**レ**セ ケ **ア**イ アル**グ**ン プロブ**レ**マ

何か問題があるみた
いだ。

pasar
パ**サ**ル

通る

¿Qué ha **pasado** ahora?
ケ ア パ**サ**ド ア**オ**ラ

今、何が通った？

🔊75

pasear パセアル	散歩する
Vamos a **pasear** por aquí. バモス ア パセアル ポル アキ	この辺を散歩しよう。
pedir ペディル	頼む
Te **pido** perdón. テ ピド ペルドン	君に許しを乞うよ（謝るよ）。
pensar ペンサル	思う
¿En qué **piensas**? エン ケ ピエンサス	何を考えているの？
perder ペルデル	失う
Mi tío ha **perdido** su trabajo. ミ ティオ ア ペルディド ス トラバホ	おじは仕事を失ってしまった。
permitir ペルミティル	許す
Permítame. ペルミタメ	ちょっといいですか。（定型表現）

★ 例文は、席を外す場合など、相手を待たせるときなどに使う表現。

poner ポネル		置く
Pon los vasos aquí. ポン ロス バソス ア**キ**		グラスはここに置いて。
prestar プレス**タ**ル		貸す
Le ha **prestado** su paraguas a María. レ ア プレス**タ**ド ス パラグアス ア マ**リ**ア		彼はマリアに傘を貸した。
quedar ケダル		残る
Quedan cinco minutos. **ケ**ダン シンコ ミ**ヌ**トス		あと５分です。
recordar レコル**ダ**ル		思い出す
Recuerdo con nostalgia mi época de estudiante. レク**エ**ルド コン ノス**タ**ルヒア ミ **エ**ポカ デ エストゥデイ**ア**ンテ		学生時代が懐かしい。
reír レイル		笑う
¡No te **rías** tanto! ノ テ **リ**アス **タ**ント		そんなに笑うなよ！

reservar レセルバル	予約する
Tenemos que **reservar** para hoy. テネモス ケ レセルバル パラ **オ**イ	僕たちは今日の予約をしないといけない。

robar ロバル	盗む
Me **robaron** todo. メ ロ**バ**ロン **ト**ド	私は何もかも盗まれた。

romper ロンペル	壊す
El ladrón **rompió** la ventana para entrar a robar en mi casa. エル ラ**ド**ロン ロン**ピオ** ラ ベン**タ**ナ パラ エント**ラ**ル ア ロ**バ**ル エン ミ **カ**サ	泥棒は窓を割って私の家に盗みに入った。

saber サベル	知る
No lo **sé**. / No lo **sabía**. ノ ロ **セ**　　　ノ ロ サ**ビ**ア	知りません。／知りませんでした。
★「味がする」の意味もある。	

sacar サカル	出す
Saco la basura todos los miércoles. **サ**コ ラ バ**ス**ラ **ト**ドス ロス ミ**エ**ルコレス	毎週水曜日にゴミを出す。

salir
サリル
出る

El tren **sale** tres veces al día de la estación.
エル トレン **サ**レ トレス ベセス アル **ディ**ア デ ラ エスタシ**オ**ン

電車は１日３回、駅から出ます。

saludar
サルダル
挨拶する

Leo siempre **saluda** a los otros perros.
レオ シ**エ**ンプレ サル**ダ** ア ロス **オ**トロス **ペ**ロス

レオはいつも、ほかの犬に挨拶する。

seguir
セギル
続ける

Después **seguimos** caminando una hora más o menos.
デスプ**エ**ス セ**ギ**モス カミ**ナ**ンド **ウ**ナ **オ**ラ **マ**ス オ **メ**ノス

その後、１時間くらい歩き続けました。

sentir
センティル
感じる

Siento la llegada del otoño.
シ**エ**ント ラ ジェ**ガ**ダ デル オ**ト**ニョ

秋の気配を感じる。

terminar
テルミナル
終える

Ha **terminado** la Copa Mundial.
ア テルミ**ナ**ド ラ **コ**パ ムンディ**ア**ル

ワールドカップは終了した。

tirar
ティラル

投げる

El jugador de béisbol **tiró** la pelota bien lejos.
エル フガ**ド**ル デ **ベ**イスボル ティ**ロ** ラ ペ**ロ**タ ビ**エ**ン **レ**ホス

野球選手はかなり遠くまでボールを投げた。

traer
トラ**エ**ル

持ってくる

Mañana **trae** el diccionario.
マ**ニャ**ナ ト**ラ**エ エル ディクシオ**ナ**リオ

明日は辞書を持ってきなさい。

tratar
トラ**タ**ル

扱う

¿De qué se **trata**?
デ **ケ** セ ト**ラ**タ

何の話ですか？

usar
ウ**サ**ル

使う

¿Estáis **usando** esta sala para la reunión?
エス**タ**イス ウ**サ**ンド **エ**スタ **サ**ラ パラ ラ レウニ**オ**ン

君たちはこの部屋を会議に使っているの？

utilizar
ウティリ**サ**ル

使う

Utilizo lentes de contacto.
ウティ**リ**ソ **レ**ンテス デ コン**タ**クト

私はコンタクトレンズを使っています。

基本の表現

最重要単語

テーマ別基本単語

品詞別基本単語

今すぐ使いたい

さくいん

visitar
ビシ**タ**ル

訪ねる

Me gustaría **visitar** su casa.
メ グスタ**リ**ア ビシ**タ**ル ス **カ**サ

彼の家に行ってみたい。

vivir
ビ**ビ**ル

暮らす、生きる

Mis tíos **vivieron** afuera del país durante un año.
ミス **ティ**オス ビビ**エ**ロン アフ**エ**ラ デル パイス
ドゥランテ **ウ**ン **ア**ニョ

おじ夫婦は1年間、海外に住んでいた。

volver
ボル**ベ**ル

戻る

Mi hija **volvió** después de un año.
ミ **イ**ハ ボルビ**オ** デスプ**エ**ス デ **ウ**ン **ア**ニョ

一年ぶりに娘が帰ってきた。

❷ 形容詞

76

alguno / alguna
アル**グ**ノ / アル**グ**ナ

何らかの

¿Hay **alguna** pregunta?
アイ　アル**グ**ナ　プレ**グ**ンタ

何か質問はありますか？

ancho / ancha
アンチョ / **ア**ンチャ

幅のある

Esta avenida es **ancha**.
エスタ　アベ**ニ**ダ　**エ**ス　**ア**ンチャ

この通りは幅が広い。

cada
カダ

それぞれの

Cada familia tiene su propia historia.
カダ　ファ**ミ**リア　ティ**エ**ネ　ス　プ**ロ**ピア　イス**ト**リア

それぞれの家庭には歴史がある。

diferente
ディフェ**レ**ンテ

異なる

Mis opiniones son **diferentes** a las suyas.
ミス　オピニ**オ**ネス　**ソ**ン　ディフェ**レ**ンテス　ア　ラス　**ス**ジャス

私の意見は彼の意見とは異なります。

divertido / divertida
ディベル**ティ**ド / ディベル**ティ**ダ

愉快な

Vivir en el extranjero es tan **divertido** como complicado.
ビ**ビ**ル　エン　エル　エクストラン**ヘ**ロ　**エ**ス　**タ**ン　ディベル**ティ**ド　コモ　コンプリ**カ**ド

外国で暮らすのは楽しくもあり、つらくもある。

duro / dura
ドゥロ / ドゥラ

硬い

Me gusta más el pan **duro** que el blando.
メ グスタ マス エル パン ドゥロ ケ エル ブランド

私は柔らかいパンより硬いパンのほうが好きだ。

estrecho / estrecha
エストレチョ / エストレチャ

狭い

Esta sala es **estrecha** para cinco personas.
エスタ サラ エス エストレチャ パラ シンコ ペルソナス

この部屋は5人には狭い。

extranjero / extranjera
エクストランヘロ / エクストランヘラ

外国の

Hay muchas empresas **extranjeras** en Tokio.
アイ ムチャス エンプレサス エクストランヘラス エン トキオ

東京には多くの外資企業があります。

famoso / famosa
ファモソ / ファモサ

有名な

Esta es la **famosa** casa de Luis Barragán.
エスタ エス ラ ファモサ カサ デ ルイス バラガン

これが、かの有名なルイス・バラガン邸です。

formal
フォルマル

正式な

No me gusta vestir demasiado **formal**.
ノ メ グスタ ベスティル デマシアド フォルマル

フォーマルすぎる格好をするのは好きではない。

gracioso / graciosa
グラシオソ / グラシオサ

面白い

No fue nada **graciosa** su broma.
ノ フエ ナダ グラシオサ ス ブロマ

彼の冗談は少しも面白くなかった。

horrible
オリブレ

恐ろしい

Es demasiado **horrible** esta película.
エス デマシアド オリブレ エスタ ペリクラ

この映画はものすごく怖い。

igual
イグアル

等しい

El precio es **igual** en todas las tiendas.
エル プレシオ エス イグアル エン トダス ラス ティエンダス

価格はどの店でも同じです。

importante
インポルタンテ

重要な

¿Qué es lo más **importante** para ti?
ケ エス ロ マス インポルタンテ パラ ティ

君にとっていちばん大切なことは何ですか？

imposible
インポシブレ

不可能な

Es **imposible** hacer esto en un solo día.
エス インポシブレ アセル エスト エン ウン ソロ ディア

これを1日でやるのは不可能です。

informal
インフォル**マル**

正式でない

Esta es una invitación **informal**.
エスタ **エ**ス **ウ**ナ インビタシ**オ**ン インフォル**マル**

これは非公式の招待です。

interesante
インテレ**サン**テ

興味深い

Las películas de este director son muy **interesantes**.
ラス ペ**リ**クラス デ **エ**ステ ディレク**ト**ル **ソ**ン **ム**イ インテレ**サン**テス

この監督の映画はとても興味深い。

libre
リブレ

自由な

Aunque he sido **libre** como pájaro, me sentía solitario como viento.
ア**ウン**ケ **エ シ**ド **リ**ブレ コモ **パ**ハロ メ センティ**ア** ソリ**タ**リオ コモ ビ**エン**ト

鳥のように自由なのに、風のように寂しかった。

lleno / llena
ジェノ / **ジェ**ナ

満ちた

La copa estaba **llena** de agua.
ラ **コ**パ エス**タ**バ **ジェ**ナ デ **ア**グア

コップは水で満たされていた。

ninguno / ninguna
ニング**ノ** / ニング**ナ**

ひとつも～ない

Ninguna persona ha llegado a su hora.
ニング**ナ** ペル**ソ**ナ **ア** ジェ**ガ**ド ア ス **オ**ラ

誰一人、時間通りには着かなかった。

基本の表現

最重要単語

テーマ別基本単語

品詞別基本単語

今すぐ使いたい

さくいん

normal
ノル**マ**ル

普通の

Rubí es una gata **normal**, pero es especial para mí.
ル**ビ** **エ**ス **ウ**ナ **ガ**タ ノル**マ**ル ペロ **エ**ス エスペシ**ア**ル
バラ ミ

ルビーは普通のネコだけど、私にとっては特別です。

ocupado / ocupada
オク**パ**ド / オク**パ**ダ

忙しい

Estoy sumamente **ocupada** esta semana.
エスト**イ** ス**マ**メンテ オク**パ**ダ **エ**スタ **セ**マナ

今週は超忙しい。

perfecto / perfecta
ペル**フェ**クト / ペル**フェ**クタ

完全な

Nadie es **perfecto**.
ナディエ **エ**ス ペル**フェ**クト

完璧な人はいない。

popular
ポプ**ラ**ル

人気のある

Es mundialmente **popular** la música forclórica de Perú.
エス ムンディ**ア**ルメンテ ポプ**ラ**ル ラ **ム**シカ フォルク**ロ**リカ
デ ペ**ル**

ペルーのフォルクローレは世界的に人気がある。

posible
ポ**シ**ブレ

可能な

Quiero viajar por todo el mundo si es **posible**.
キ**エ**ロ ビア**ハ**ル ポル **ト**ド エル **ム**ンド シ **エ**ス ポ**シ**ブレ

可能なら世界中を旅してみたい。

roto / rota
ロト / ロタ

壊れた

El reloj no está **roto** sino que se ha acabado la pila.
エル レロホ ノ エス**タ ロ**ト シノ ケ セ ア アカ**バ**ド ラ **ピ**ラ

時計は壊れているのではなく、電池切れだ。

social
ソシ**ア**ル

社会的な

Vamos a hablar sobre los problemas **sociales**.
バモス ア アブ**ラ**ル ソブレ ロス プロブ**レ**マス ソシ**ア**レス

社会的な問題について話しましょう。

todo / toda
ト**ド** / ト**ダ**

全部の

Todos nosotros queremos ir al bar.
トドス ノ**ソ**トロス ケ**レ**モス **イ**ル アル **バ**ル

私たちはみんなバルに行きたい。

tonto / tonta
トント / **ト**ンタ

愚かな

Deja esa idea **tonta**.
デハ **エ**サ イ**デ**ア **ト**ンタ

そんな馬鹿な考えはやめろ。

útil
ウティル

役立つ

Es una información **útil** para los turistas.
エス **ウ**ナ インフォルマシ**オン ウ**ティル パラ ロス トゥ**リ**スタス

それは観光客にとって役立つ情報です。

❸ 副 詞

77

adelante アデランテ	前に
Adelante. Pase usted. アデランテ パセ ウステ	どうぞ。お先に。
además アデマス	さらに
Soy estudiante, y además, profesora de japonés. ソイ エストゥディアンテ イ アデマス プロフェソラ デ ハポネス	私は学生で、あと、 日本語教師もやっ ています。
apenas アペナス	ほとんど〜ない
Mi madre apenas cocina. ミ マドレ アペナス コシナ	私の母はほとんど 料理をしない。
así アシ	そのように
Así me contestaron los alumnos. アシ メ コンテスタロン ロス アルムノス	生徒たちはそのよ うに私に答えまし た。
bastante バスタンテ	十分に
Su nivel de español es bastante alto. ス ニベル デ エスパニョル エス バスタンテ アルト	彼のスペイン語レ ベルはかなり高い。

casi
カシ

ほとんど

Casi he terminado las tareas.
カシ エ テルミナド ラス タレアス

私は宿題をほとんど終えました。

demasiado
デマシアド

あまりに

Mi hermano comió anoche **demasiado**.
ミ エルマノ コミオ アノチェ デマシアド

弟は昨日、食べすぎた。

despacio
デスパシオ

ゆっくりと

Hábleme más **despacio**, por favor.
アブレメ マス デスパシオ ポル ファボル

もっとゆっくり話してください。

detrás
デトラス

後ろに

Estaba el señor Gómez **detrás** de mi profesor.
エスタバ エル セニョル ゴメス デトラス デ ミ プロフェソル

先生の後ろにゴメスさんがいた。

entonces
エントンセス

その時

Entonces empezó a llover.
エントンセス エンペソ ア ジョベル

その時、雨が降り始めた。

★ 会話の中で「ということで」「それなら」などの意味でもよく使われる。

más
マス

より多い

Voy a preparar **más** comida que normalmente.

ボイ ア プレパラル マス コミダ ケ ノルマルメンテ

いつもよりたくさん食べ物を用意しよう。

menos
メノス

より少ない

Ya estoy llena. Comí **menos** que ayer.

ジャ エストイ ジェナ コミ メノス ケ アジェル

もうお腹いっぱい。昨日ほどたくさんは食べなかった。

nunca
ヌンカ

決して〜ない

Nunca he tenido problemas hasta ahora.

ヌンカ エ テニド プロブレマス アスタ アオラ

今まで困ったことは一度もない。

poco
ポコ

ほとんど〜ない

Él estudia muy **poco**.

エル エストゥディア ムイ ポコ

彼はほとんど勉強しない。

pronto
プロント

すぐに

Después de la comida **pronto** me da sueño...

デスプエス デ ラ コミダ プロント メ ダ スエニョ

食べるとすぐに眠くなる…

quizá
キサ

おそらく

Quizá voy a tener un buen sueño.
キサ ボイ ア テネル ウン ブエン スエニョ

たぶん、いい夢が
見れるかな。

★ quizás とも書く。

solo
ソロ

〜だけ

Mi padre duerme **solo** cinco horas
cada noche.
ミ パドレ ドゥエルメ ソロ シンコ オラス カダ ノチェ

私の父は毎晩5時
間しか眠らない。

·❹名詞·代名詞·

ayuda アジュダ 名詞**女**	助け
beso ベソ 名詞**男**	キス
Mil **besos**. ミル ベソス	1000 のキスを。 （恋人同士や親子などで 手紙の最後に書く挨拶）
cosa コサ 名詞**女**	こと、もの
consejo コンセホ 名詞**男**	助言
derecha デレチャ 名詞**女**	右
duda ドゥダ 名詞**女**	疑い
estilo エスティロ 名詞**男**	スタイル
fiesta フィエスタ 名詞**女**	パーティー
fuego フエゴ 名詞**男**	火

futuro フ**トゥ**ロ　名詞**男**	未来
grupo グ**ル**ポ　名詞**男**	グループ
humor ウ**モ**ル　名詞**男**	気分

Hoy mi profesor está de buen **humor**.
オイ　ミ　プロフェ**ソ**ル　エス**タ**　デ　ブ**エ**ン　ウ**モ**ル

今日、先生は機嫌がいい。

★「ユーモア」という意味もある。

idea イ**デ**ア　名詞**女**	考え
izquierda イスキ**エ**ルダ　名詞**女**	左
luz **ル**ス　名詞**女**	光
manera マ**ネ**ラ　名詞**女**	方法
medio **メ**ディオ　名詞**男**	① 中央 ② 手段

基本の表現

最重要単語

テーマ別基本単語

品詞別基本単語

今すぐ使いたい

さくいん

211

mensaje メン**サ**ヘ　名詞**男**		メッセージ
mentira メン**ティ**ラ　名詞**女**		うそ
mitad ミ**タ**　名詞**女**		半分
La **mitad** de nuestros compañeros son extranjeros. ラ　ミ**タ**　デ　ヌエストロス　コンパ**ニェ**ロス　**ソ**ン　エクストラン**ヘ**ロス		私たちの同僚の半分は外国人です。
mundo **ム**ンド　名詞**男**		世界
El **mundo** es un pañuelo. エル　**ム**ンド　**エ**ス　**ウ**ン　パニュ**エ**ロ		世界は1枚のハンカチです。（「世間は狭い」を表す言い回し）
novio / novia **ノ**ビオ　名詞**男** / **ノ**ビア　名詞**女**		恋人
"¿Somos **novios**?" "Por supuesto que sí." **ソ**モス　**ノ**ビオス　　ポル　スプ**エ**スト　ケ　**シ**		「僕たちって恋人同士？」「もちろん」
opinión オピニ**オ**ン　名詞**女**		意見

pareja
パレハ　名詞 **女**

カップル

Una **pareja** española vive en mi piso.
ウナ　パレハ　エスパニョラ　ビベ　エン　ミ　ピソ

うちのアパートにスペイン人のカップルが住んでいる。

parte
パルテ　名詞 **女**

部分

Cortamos la pizza en seis **partes**.
コルタモス　ラ　ピサ　エン　セイス　パルテス

ピザを6つに切り分けよう。

pasado
パサド　名詞 **男**

過去

No te preocupes tanto por tu **pasado**.
ノ　テ　プレオクペス　タント　ポル　トゥ　パサド

過ぎたことをそんなに思い悩むなよ。

problema
プロブレマ　名詞 **男**

問題

Tenía **problemas** con su novia.
テニア　プロブレマス　コン　ス　ノビア

彼は彼女と問題を抱えていた。

relación
レラシオン　名詞 **女**

関係

religión
レリヒオン　名詞 **女**

宗教

ruido ルイド　名詞男	騒音
saludo サルド　名詞男	挨拶
siesta シエスタ　名詞女	シエスタ
sonido ソニド　名詞男	音
tipo ティポ　名詞男	タイプ
verdad ベルダ　名詞女	真実
¿De **verdad**? デ　ベルダ	本当に？
vez ベス　名詞女	度、回
voz ボス　名詞女	声
zona ソナ　名詞女	地帯

algo アルゴ　代名詞	何か
Tengo **algo** que decirles. テンゴ　アルゴ　ケ　デシルレス	ちょっとあなたたちに 言っておくことがある。

alguien アルギエン　代名詞	誰か
¿**Alguien** quiere venir conmigo? アルギエン　キエレ　ベニル　コンミゴ	誰か僕と一緒に来るか い？

nada ナダ　代名詞	何も〜ない
No hay **nada** para comer en la nevera. ノ　アイ　ナダ　パラ　コメル　エン　ラ　ネベラ	冷蔵庫の中に食べるもの が何もない。

nadie ナディエ　代名詞	誰も〜ない
Nadie habla español. ナディエ　アブラ　エスパニョル	誰もスペイン語を話さな い。

★ nada、nadie は文頭に置かれる場合、no は不要。

❺ 前置詞

🔊79

a
ア

① 〜へ（方向）
② 〜に（時点）
③ 〜まで（終点）

① Gire en la siguiente esquina **a** la derecha.
ヒレ エン ラ シギエンテ エスキナ ア ラ デレチャ

次の角を右に曲がってください。

② La clase comienza **al** mediodía.
ラ クラセ コミエンサ アル メディオディア

授業は正午に始まる。

③ El hotel cierra de noviembre **a** febrero.
エル オテル シエラ デ ノビエンブレ ア フェブレロ

そのホテルは11月から2月まで閉館する。

bajo
バホ

〜の下で

Estaba llorando **bajo** la lluvia.
エスタバ ジョランド バホ ラ ジュビア

彼女は雨の降る中で泣いていた。

con
コン

① 〜と
② 〜を使って（道具）

① Estoy siempre **con** Jessie.
エストイ シエンプレ コン ジェシ

僕はいつもジェシーと一緒にいる。

② ¿Se puede pagar **con** tarjeta?
セ プエデ パガル コン タルヘタ

カードで支払えますか？

contra
コントラ

〜に対して

Hoy jugó el Real Madrid **contra** el Barcelona.
オイ フゴ エル レアル マドリ コントラ エル バルセロナ

今日、レアルマドリードはバルセロナと試合をした。

216

de
デ

① ～の（出身）
② ～の（所属）
③ ～から（起点）
④ ～の（性質）

① "¿**De** dónde eres?" "Soy **de** Tokio."
デ ドンデ エレス ソイ デ トキオ

「出身は？」「東京だよ」

② Esta chaqueta es **de** mi profesor.
エスタ チャケタ エス デ ミ プロフェソル

この上着は僕の先生のだ。

③ La tienda está abierta **de** dos a ocho.
ラ ティエンダ エスタ アビエルタ デ ドス ア オチョ

お店は2時から8時まで開いています。

④ Mi hermana tiene un bolso **de** marca.
ミ エルマナ ティエネ ウン ボルソ デ マルカ

私の妹はブランド品のハンドバッグを持っている。

desde
デスデ

～から

Se tarda media hora **desde** la parada de autobús hasta aquí.
セ タルダ メディア オラ デスデ ラ パラダ デ アウトブス アスタ アキ

バス停からここまでは30分かかります。

durante
ドゥランテ

～の間に

Llovió **durante** una semana.
ジョビオ ドゥランテ ウナ セマナ

一週間にわたって雨が続いた。

ワンポイント　前置詞 a と定冠詞 el が続くときは、つながって al となる。また、前置詞 de と定冠詞 el が続くときは、つながって del となる。

en
エン

① ～で（場所）
② ～で（手段）
③ ～で（方法）
④ ～に（時点）
⑤ ～の中に
⑥ ～の上に

① Cené **en** el restaurante italiano.
セネ エン エル レスタウランテ イタリアノ

晩ご飯はイタリアンレストランで食べました。

② Voy **en** tren.
ボイ エン トレン

電車で行きます。

③ Háblame **en** español, por favor.
アブラメ エン エスパニョル ボル ファボル

スペイン語で話してください。

④ Mi hermana nació **en** 2002.
ミ エルマナ ナシオ エン ドス ミル ドス

私の妹は 2002 年に生まれた。

⑤ Hay un libro **en** el escritorio.
アイ ウン リブロ エン エル エスクリトリオ

机の中に一冊の本が入っている。

⑥ Puse la llave **en** la mesa.
プセ ラ ジャベ エン ラ メサ

テーブルの上に鍵を置いたよ。

entre
エントレ

～の間（に、で）

Hay un puente **entre** las islas.
アイ ウン プエンテ エントレ ラス イスラス

島と島の間には橋が架かっています。

Nos vemos **entre** las seis y las siete de la tarde.
ノス ベモス エントレ ラス セイス イ ラス シエテ デ ラ タルデ

午後 6 時から 7 時の間に会おう。

hacia
アシア

~の方に

Enrique caminaba **hacia** el bosque.
エン**リ**ケ カミ**ナ**バ アシア エル **ボ**スケ

エンリケは森に向かって歩いて行った。

hasta
アスタ

~まで

¿**Hasta** qué hora está abierto el mercado público?
アスタ ケ **オ**ラ エス**タ** アビ**エ**ルト エル メル**カ**ド プ**ブ**リコ

公設市場は何時まで開いていますか？

para
パラ

① ~のために、
　~のための
　（目的・用途）
② ~の方へ（方向）

① "¿**Para** qué usas esta pluma?"
"**Para** escribir la carta."
パラ ケ **ウ**サス **エ**スタ プ**ル**マ　　パラ エスクリ**ビ**ル ラ **カ**ルタ

「なんでこの万年筆を使うの？」「手紙を書くためだよ」

¿Tienen sobres **para** correo aéreo?
ティ**エ**ネン **ソ**ブレス パラ コ**レ**オ ア**エ**レオ

エアメール用の封筒は置いていますか？

Es **para** usted.
エス パラ ウス**テ**

あなた宛てです。

② Voy **para** allí.
ボイ パラ ア**ジ**

そっちに行くよ。

¿Has reservado el vuelo **para** Quito?
アス レセル**バ**ド エル ブ**エ**ロ パラ **キ**ト

キト行きの便は予約した？

por
ポル

① ～のために（動機・理由・原因）

② ～で（方法・手段）

③ ～に（漠然とした時間・場所）

① "¿**Por** qué usas esta pluma?"
"Porque ahora no tengo otra."
ポル ケ ウサス エスタ プルマ ポルケ アオラ ノ テンゴ オトラ

「なんでこの万年筆を使うの？」「だって、今それしかないから。」

Por eso te dije así.
ポル エソ テ ディヘ アシ

だから、君にそう言ったんだよ。

② Hablé **por** teléfono.
アブレ ポル テレフォノ

電話で話しました。

③ Vivimos **por** aquí.
ビビモス ポル アキ

私たちはこの辺りに住んでいます。

Por ahora no tengo más cosas que decir.
ポル アオラ ノ テンゴ マス コサス ケ デシル

今のところ、これ以上私から述べることはありません。

según
セグン

～によると

Según la noticia hay niebla.
セグン ラ ノティシア アイ ニエブラ

ニュースによると、霧が出ているとのことだ。

sin
シン

～なしに

Ella salió **sin** decir nada.
エジャ サリオ シン デシル ナダ

彼女は何も言わずに出かけました。

sobre
ソブレ

① ～の上に
② ～について

① Hay un gato negro **sobre** el techo.
アイ ウン ガト ネグロ ソブレ エル **テ**チョ

屋根の上に黒猫がいる。

② Este autor tiene muy buen conocimiento **sobre** la música cubana.
エステ アウ**ト**ル ティ**エ**ネ **ム**イ ブ**エ**ン
コノシミ**エ**ント ソブレ ラ **ム**シカ ク**バ**ナ

この著者はキューバ音楽についてとてもよく知っている。

tras
トラス

～の後ろに、
～の向こうに

Hay alguien **tras** la ventana.
アイ アル**ギ**エン トラス ラ ベン**タ**ナ

窓の向こうに誰かいる。

⑥ 接続詞

aunque
アウンケ

~だけど

Aunque me gustan los gatos, me dan miedo sus uñas.
アウンケ メ **グ**スタン ロス **ガ**トス メ **ダン** ミ**エ**ド スス **ウ**ニャス

私は猫が好きだけど、猫の爪は怖い。

como
コモ

~ので

Como me interesa mucho la historia decidí estudiarla.
コモ メ インテ**レ**サ **ム**チョ ラ イス**ト**リア デシ**ディ** エストゥディ**ア**ルラ

私は歴史が好きなので、勉強することにしました。

cuando
クアンド

~の時

Cuando era joven no me gustaba el deporte.
クアンド **エ**ラ **ホ**ベン ノ メ グス**タ**バ エル デ**ポ**ルテ

若かった時は、スポーツが好きではなかった。

mientras
ミエントラス

~の間

Mientras mi novio cocinaba, yo veía la tele.
ミ**エ**ントラス ミ ノビオ コシ**ナ**バ **ジョ** ベ**イア** ラ **テ**レ

私の彼氏が料理をしている間、私はテレビを見ていました。

ni
ニ

〜も（でない）

No había visitado España **ni** América Latina hasta hace dos años.
ノ アビア ビシタド エスパニャ ニ アメリカ ラティナ アスタ **ア**セ ドス **ア**ニョス

2年前までスペインにもラテンアメリカにも行ったことがなかった。

o
オ

または

¿Quieres comer algo? ¿**O** primero prefieres beber algo?
キ**エ**レス コ**メ**ル **ア**ルゴ オ プリ**メ**ロ プレフィ**エ**レス ベ**ベ**ル **ア**ルゴ

何か食べる？ それとも、まず何か飲む？

pero
ペロ

しかし

Él me dijo que no, **pero** no podía creerlo.
エル メ **ディ**ホ ケ ノ ペロ ノ ポ**ディ**ア クレ**エ**ルロ

彼は違うと言ったが、私はそれが信じられなかった。

porque
ポルケ

なぜなら

No pude ir a su casa **porque** estaba muy ocupada.
ノ **プ**デ イル ア ス **カ**サ ポルケ エス**タ**バ **ム**イ オク**パ**ダ

とても忙しかったので、彼の家には行けなかった。

si シ	もし
Si mañana llueve no iré a tu casa. シ マ**ニャ**ナ ジュ**エ**ベ ノ イ**レ** ア トゥ **カ**サ	もし明日雨が降ったら、君の家には行かないよ。

y イ	そして
Estas son las fotos de Madrid, Barcelona **y** Granada. **エ**スタス **ソ**ン ラス **フォ**トス デ マド**リ** バルセ**ロ**ナ イ グラ**ナ**ダ	これらはマドリード、バルセロナ、そしてグラナダの写真です。

Ay, ay, ay, ay,
canta y no llores ～

今すぐ使いたい
単語と表現

基本の表現

最重要単語

テーマ別基本単語

品詞別基本単語

今すぐ使いたい

さくいん

1　買い物　🔊 81

役に立つ単語

accesorios アクセソリオス　名詞男	アクセサリー
accesorios de plata アクセソリオス　デ　プラタ	シルバーアクセサリー
artesanía アルテサニア　名詞女	工芸品
mercado de **artesanías** メルカド　デ　アルテサニアス	民芸品市場
cerámica セラミカ　名詞女	陶磁器
imán イマン　名詞男	マグネット
joya ホジャ　名詞女	宝石
muñeco / muñeca ムニェコ　名詞男 / ムニェカ　名詞女	男の人形 女の人形
muñecos de madera ムニェコス　デ　マデラ	木製の人形
recuerdo レクエルド　名詞男	お土産
recuerdo del viaje レクエルド　デル　ビアヘ	旅のお土産
recuerdo para mi hija レクエルド　パラ　ミ　イハ	娘のためのお土産

★ regalo とも言う。 ➡ PARTE 3 ⑯買い物

envolver エンボルベル　動詞	包む
¿Puedes **envolver**los? プエデス　エンボルベルロス	包んでもらえますか？
gasto de envío ガスト　デ　エンビオ　名詞男	送料
¿Cuánto cuestan los **gastos de envío**? クアント　クエスタン　ロス　ガストス　デ　エンビオ	送料はいくらですか。
impuesto インプエスト　名詞男	税
IVA (**Impuesto** sobre el Valor Añadido) イバ（インプエスト　ソブレ　エル　バロル　アニャディド）	消費税
dependiente デペンディエンテ　名詞男 **dependienta** デペンディエンタ　名詞女	店員

役に立つ表現

Hecho en México エチョ　エン　メヒコ	メキシコ製
Hecho a mano エチョ　ア　マノ	ハンドメイド （手作り品）
¿Cuánto cuesta esto? クアント　クエスタ　エスト	これはいくらですか。

基本の表現

最重要単語

テーマ別基本単語

品詞別基本単語

今すぐ使いたい

さくいん

¿Me puede hacer un descuento? メ プエデ アセル ウン デスクエント	安くしてもらえますか？
¿Se venden tarjetas postales? セ ベンデン タルヘタス ポスタレス	絵葉書は置いていますか？
Quiero enviar esto a Japón. キエロ エンビアル エスト ア ハポン	これを日本まで送りたいのですが。
¿Pueden llevármelos a mi hotel? プエデン ジェバルメロス ア ミ オテル	これらをホテルまで運んでもらえますか？

使ってみよう

Satomi: Mira. Se venden muchos accesorios de plata.
ミラ セ ベンデン ムチョス アクセソリオス デ プラタ

Akira: Vamos a preguntar el precio. Oiga señor. ¿Cuánto cuesta este anillo?
バモス ア プレグンタル エル プレシオ オイガ セニョル クアント クエスタ エステ アニジョ

Dependiente: Hola. Ese cuesta quinientos pesos, y ochocientos por dos.
オラ エセ クエスタ キニエントス ペソス イ オチョシエントス ポル ドス

Satomi: Bien. Pero es un poco caro para mí.
ビエン ペロ エス ウン ポコ カロ パラ ミ

サトミ： ほら、シルバーアクセサリーをこんなに売ってる。
アキラ： 値段を聞いてみよう。すみません。この指輪はいくらですか？
店　員： いらっしゃい。それは１個 500 ペソ、２個なら 800 ペソです。
サトミ： わかりました。でも私にはちょっと高いなあ。

役に立つ単語	
terraza テ**ラ**サ 名詞**女**	テラス席
¿Podemos sentarnos en la **terraza**? ポ**デ**モス セン**タ**ルノス エン ラ テ**ラ**サ	テラス席に座っても いいですか？
barra **バ**ラ 名詞**女**	カウンター
vitrina ビト**リ**ナ 名詞**女**	ショーケース
asado / asada ア**サ**ド / ア**サ**ダ 形容詞	焼いた
sardinas **asadas** サル**ディ**ナス ア**サ**ダス	焼いたイワシ
frito / frita フ**リ**ト / フ**リ**タ 形容詞	フライにした
calamares **fritos** カラ**マ**レス フ**リ**トス	イカのフライ
incluido / incluida インクル**イ**ド / インクル**イ**ダ 形容詞	含まれた
¿La bebida está **incluida**? ラ ベ**ビ**ダ エス**タ** インクル**イ**ダ	飲み物は含まれてい ますか？
mixto / mixta **ミ**クスト / **ミ**クスタ 形容詞	ミックスの
ensalada **mixta** エンサ**ラ**ダ **ミ**クスタ	ミックスサラダ

基本の表現

最重要単語

テーマ別基本単語

品詞別基本単語

今すぐ使いたい

さくいん

horno
オルノ　名詞男

オーブン

| pollo al **horno**
ポジョ　アル　**オルノ** | チキンのオーブン焼き |

plancha
プランチャ　名詞女

鉄板

| filete de cerdo a la **plancha**
フィレテ　デ　**セ**ルド　ア　ラ　プ**ラ**ンチャ | 豚ヒレの鉄板焼き |

ración
ラシオン　名詞女

一皿分

| una **ración** / media **ración**
ウナ　ラ**シ**オン　メディア　ラ**シ**オン | 一人前／半分の量 |

役に立つ表現

¿Qué hay de postre? ケ　アイ　デ　**ポ**ストレ	デザートは何がありますか？
Vamos a compartir esto. バモス　ア　コンパル**ティ**ル　**エ**スト	これはシェアしましょう。
Otra copa, por favor. **オ**トラ　**コ**パ　ポル　ファ**ボ**ル	おかわり（グラスのもう1杯）をください。
¿Tiene carta de vinos? ティ**エ**ネ　**カ**ルタ　デ　**ビ**ノス	ワインリストはありますか？
¿Es mucho para mí (nosotros)? エス　**ム**チョ　パラ　ミ　（ノ**ソ**トロス）	私には（私たちには）多すぎますか？
La cuenta, por favor. ラ　ク**エ**ンタ　ポル　ファ**ボ**ル	お会計をお願いします。

使ってみよう

Akira : **¡Perdón!**
ベル**ドン**

Camarera : **Ahora voy. Dígame.**
ア**オ**ラ **ボ**イ **ディ**ガメ

Akira : **¿Qué hay de pescado?**
ケ アイ デ ペス**カ**ド

Camarera : **Tenemos pescado frito, merluza con salsa y sardinas a la plancha.**
テ**ネ**モス ペス**カ**ド フ**リ**ト メル**ル**サ コン **サ**ルサ イ サル**ディ**ナス ア ラ プ**ラ**ンチャ

Akira : **Una ración de sardinas a la plancha, por favor.**
ウナ ラシ**オ**ン デ サル**ディ**ナス ア ラ プ**ラ**ンチャ ポル ファ**ボ**ル

Camarera : **Muy bien.**
ムイ ビ**エ**ン

アキラ ： すみません！
ウェイトレス： ただ今お伺いします。ご注文をどうぞ。
アキラ ： 魚料理は何がありますか？
ウェイトレス： 白身魚のフライ、メルルーサのソースがけ、イワシの鉄板焼きです。
アキラ ： イワシの鉄板焼きを一人前お願いします。
ウェイトレス： かしこまりました。

基本の表現

最重要単語

テーマ別基本単語

品詞別基本単語

今すぐ使いたい

さくいん

3　ホテル

 83

役に立つ単語	
entrada エントラダ　名詞**女**	チェックイン
salida サリダ　名詞**女**	チェックアウト
¿Puede decirme el horario para la **entrada** y **salida**? プエデ デシルメ エル オラリオ パラ ラ エントラダ イ サリダ	チェックインと チェックアウトの 時間を教えてもら えますか？
equipaje エキパヘ　名詞**男**	荷物
¿Puede guardar mi **equipaje**? プエデ グアルダル ミ エキパヘ	荷物を預かっても らえますか？
habitación アビタシオン　名詞**女**	部屋
habitación individual アビタシオン　インディビドゥアル	シングルルーム
habitación doble アビタシオン　ドブレ	ダブルルーム
habitación con dos camas アビタシオン　コン　ドス　カマス	ツインルーム
habitación libre アビタシオン　リブレ	空き部屋
servicio de **habitaciones** セルビシオ　デ　アビタシオネス	ルームサービス
recepción レセプシオン　名詞**女**	フロント、受付
¿Cuál es el número de **recepción**? クアル　エス　エル　ヌメロ　デ　レセプシオン	フロントは何番で すか？

recepcionista
レセプシオニスタ　名詞男女
フロント係

nacionalidad
ナシオナリダ　名詞女
国籍

Mi **nacionalidad** es "japonesa".
ミ　ナシオナリダ　エス　ハポネサ
私の国籍は「日本」です。

★宿泊カードなどの記入で必要。男性でも japonesa と女性形で書く。

secador
セカドル　名詞男
ドライヤー

¿Puede prestarme un **secador**?
プエデ　プレスタルメ　ウン　セカドル
ドライヤーを貸してもらえますか？

almohada
アルモアダ　名詞女
まくら

manta
マンタ　名詞女
毛布

¿Me puede traer otra **manta**?
メ　プエデ　トラエル　オトラ　マンタ
毛布をもう1枚持ってきてもらえますか？

★中南米の一部では cobija と言う。

役に立つ表現

¿A qué hora es el desayuno?
ア　ケ　オラ　エス　エル　デサジュノ
朝食は何時ですか？

¿Cómo puedo llegar a la parada de taxis [autobús]?
コモ　プエド　ジェガル　ア　ラ　パラダ　デ　タクシス　[アウトブス]
タクシー（バス）乗り場までどう行けばいいですか？

| ¿Puede recomendarme un restaurante bueno cerca de aquí?
プエデ レコメンダルメ ウン レスタウランテ ブエノ セルカ デ アキ | この近くでいいレストランを教えてもらえませんか？ |
| No funciona.
ノ フンシオナ | 故障中 |

★ エレベーターの前などに注意書きのプレートがかかっていることがある。

| No sale agua de la ducha.
ノ サレ アグア デ ラ ドゥチャ | シャワーの水が出ません。 |
| Perdí la llave de la habitación.
ペルディ ラ ジャベ デ ラ アビタシオン | 部屋の鍵をなくしました。 |

使ってみよう

Recepcionista : Buenas tardes, señor. ¿En qué puedo servirle?

ブエナス タルデス セニョル エン ケ プエド セルビルレ

Akira : Hola. Quiero reservar para mañana. ¿Tiene una habitación libre?

オラ キエロ レセルバル パラ マニャナ ティエネ ウナ アビタシオン リブレ

Recepcionista : Déjeme checar... Pues, solo tenemos una habitación con dos camas.

デヘメ チェカル プエス ソロ テネモス ウナ アビタシオン コン ドス カマス

Akira : Muy bien. Quiero hacer la reserva para una noche.

ムイ ビエン キエロ アセル ラ レセルバ パラ ウナ ノチェ

フロント係 ： いらっしゃいませ。ご用件お伺いいたします。

アキラ ： すみません、明日の予約をしたいのですが。空き部屋はありますか？

フロント係 ： お調べします。そうですね……、ツインルームでしたら一部屋空きがございます。

アキラ ： わかりました。一晩予約をお願いします。

役に立つ単語

Patrimonio de la humanidad パトリモニオ デ ラ ウマニダ 名詞男	世界遺産
ruina ルイナ 名詞女	遺跡
las **ruinas** de Machu Picchu ラス ルイナス デ マチュ ピチュ	マチュピチュ
paisaje パイサへ 名詞男	景色
paisaje natural パイサへ ナトゥラル	自然の風景
partido パルティド 名詞男	試合
partido de fútbol パルティド デ フトボル	サッカーの試合
equipo エキポ 名詞男	チーム
animar アニマル 動詞	応援する
Voy a **animar** a aquel equipo. ボイ ア アニマル ア アケル エキポ	私はあのチームを応援します。
tarifa タリファ 名詞女	料金、料金表
tarifa de entrada タリファ デ エントラダ	入場料

基本の表現

最重要単語

テーマ別基本単語

品詞別基本単語

今すぐ使いたい

さくいん

danza ダンサ　名詞**女**	ダンス
danza española ダンサ　エスパニョラ	スペイン舞踊
espectáculo エスペクタクロ　名詞**男**	ショー
jaleo ハレオ　名詞**男**	かけ声
exposición エクスポシシオン　名詞**女**	展覧会
catálogo de exposición カタロゴ　デ　エクスポシシオン	展覧会図録
exposición de fotografías エクスポシシオン　デ　フォトグラフィアス	写真展
música pop ムシカ　ポップ　名詞**女**	ポップミュージック

役立つ表現

Deme un mapa, por favor. デメ　ウン　マパ　ポル　ファボル	地図をください。
¿Cuánto se tarda a la Plaza Mayor? クアント　セ　タルダ　ア　ラ　プラサ　マジョル	マヨール広場までどれくらいかかりますか？（時間）
¿Hay una oficina de turismo cerca de aquí? アイ　ウナ　オフィシナ　デ　トゥリスモ　セルカ　デ　アキ	この近くに観光案内所はありますか？

¿A qué hora es el espectáculo de flamenco? ア ケ オラ エス エル エスペク**タ**クロ デ フラメンコ	フラメンコのショーは何時ですか？
Quiero reservar una excursión para visitar la Alhambra. キ**エ**ロ レセル**バ**ル **ウ**ナ エクスクルシ**オ**ン パラ ビシ**タ**ル ラ ア**ラ**ンブラ	アルハンブラ宮殿に行くツアーに申し込みたいです。
Me he perdido. メ エ ペル**ディ**ド	道に迷いました。

使ってみよう

Akira : ¿Por qué no vamos al estadio mañana?
ポル ケ ノ バモス アル エス**タ**ディオ マニャナ

Carmen :¿Mañana? ¿Quieres ver el partido de fútbol?
マニャナ キ**エ**レス **ベ**ル エル パル**ティ**ド デ **フ**トボル

Akira : Sí. Después podemos cenar juntos.
シ デスプ**エ**ス ポ**デ**モス セ**ナ**ル **フ**ントス

Carmen :Pues..., hay una interesante exposición en Sevilla. Pero, vale, te acompaño.
プエス **ア**イ **ウ**ナ インテレ**サ**ンテ エクスポシシ**オ**ン エン セ**ビ**ジャ ペロ バレ テ アコン**パ**ニョ

Akira : Ay, ¡gracias!
アイ グ**ラ**シアス

アキラ　：明日、スタジアムに行かない？
カルメン：明日？　サッカーの試合が見たいの？
アキラ　：うん。その後で一緒に食事しよう。
カルメン：そうねえ、セビリアでおもしろい展覧会がやってるんだけど。
　　　　　でもいいわ、あなたにつきあいましょう。
アキラ　：ああ、ありがとう！

5 ビジネス・電話 85

役に立つ単語

cita
シタ 名詞女

約束

¿A qué hora tiene la **cita** con el señor López?
ア ケ オラ ティエネ ラ シタ コン エル セニョル ロペス

ロペス氏とは何時に待ち合わせですか？

documento
ドクメント 名詞男

書類

proyecto
プロジェクト 名詞男

プロジェクト

Traje el documento sobre nuestro **proyecto**.
トラヘ エル ドクメント ソブレ ヌエストロ プロジェクト

私どものプロジェクトの資料を持ってまいりました。

reunión
レウニオン 名詞女

会議

Tengo una **reunión** a la una.
テンゴ ウナ レウニオン ア ラ ウナ

私は1時から会議です。

viaje de trabajo
ビアヘ デ トラバホ 名詞男

出張

Vine a Chile en **viaje de trabajo**.
ビネ ア チレ エン ビアヘ デ トラバホ

私は出張でチリに来ました。

negocio
ネゴシオ 名詞男

ビジネス

Mi padre montó un **negocio**.
ミ パドレ モント ウン ネゴシオ

私の父は事業を起こした。

comercio コメルシオ　名詞**男**	商業、貿易
comercio exterior コメルシオ　エクステリオル	海外貿易
comercio interior コメルシオ　インテリオル	国内事業
comercio electrónico コメルシオ　エレクトロニコ	電子商取引
título ティトゥロ　名詞**男**	肩書
recado レカド　名詞**男**	伝言
★ ➡ PARTE 4 dejar 参照	
extensión エクステンシオン　名詞**女**	内線

役立つ表現

Aquí está mi tarjeta. アキ　エスタ　ミ　タルヘタ	私の名刺です。
Saludos a usted de parte de mi jefe. サルドス　ア　ウステ　デ　パルテ　デ　ミ　ヘフェ	上司からよろしくとの伝言を預かってきております。
Dígame. ディガメ	もしもし。 （電話を受けた側が言う表現）

239

Oiga. オイガ	もしもし。 (電話をかけた側が言う表現)
¿De parte de quién? デ パルテ デ キエン	どちらさまですか？ (電話で相手の名前を尋ねるときに使う)
Lo sentimos, en este momento no se encuentra el señor López. ロ センティモス エン エステ モメント ノ セ エンクエントラ エル セニョル ロペス	申し訳ございませんが、ロペスは今、席を外しております。

使ってみよう

Akira : ¿Es usted la señora Cruz?
エス ウステ ラ セニョラ クルス

Sra. Cruz : Sí, soy yo. Mucho gusto.
シ ソイ ジョ ムチョ グスト

Akira : El gusto es mío. Muchas gracias por la cita.
エル グスト エス ミオ ムチャス グラシアス ポル ラ シタ

Sra. Cruz : No, al contrario. Aquí está mi tarjeta.
ノ アル コントラリオ アキ エスタ ミ タルヘタ

Akira : Gracias. ¿Nos sentamos?
グラシアス ノス センタモス

Sra. Cruz : Sí. Todavía tenemos tiempo para la reunión.
シ トダビア テネモス ティエンポ パラ ラ レウニオン

アキラ ：クルスさんですか？
クルスさん：はい、そうです。はじめまして。
アキラ ：はじめまして。お時間をいただきありがとうございます。
クルスさん：こちらこそありがとうございます。名刺をどうぞ。
アキラ ：ありがとうございます。座りましょうか。
クルスさん：ええ。まだ会議には時間がありますからね。

役に立つ単語

☐ **aplicación**
アプリカシオン　名詞🔴

アプリ

¿Cómo se llama la **aplicación**?
コモ セ ジャマ ラ アプリカシオン

そのアプリの名前は
何て言うの？

☐ **cuenta**
クエンタ　名詞🔴

アカウント

¿Tenéis **cuenta** de Facebook?
テネイス クエンタ デ フェイスブック

君たちはフェイス
ブックのアカウント
を持っていますか？

☐ **comentario**
コメンタリオ　名詞🔵

コメント

☐ **perfil**
ペルフィル　名詞🔵

プロフィール

¿Has leído mi **perfil**?
アス レイド ミ ペルフィル

私のプロフィール、
読んでくれた？

☐ **seguidor / seguidora**
セギドル　名詞🔵 / セギドラ　名詞🔴

フォロワー

Ese músico tiene muchos
seguidores.
エセ ムシコ ティエネ ムチョス セギドレス

そのミュージシャン
にはたくさんのフォ
ロワーがいる。

☐ **contestar**
コンテスタル　動詞

リプライする

☐ **bloquear**
ブロケアル　動詞

ブロックする

Quiero **bloquear** a esta seguidora.
キエロ ブロケアル ア エスタ セギドラ

このフォロワー、ブ
ロックしたいなあ。

今すぐ使いたい単語と表現

seguir セギル　動詞	フォローする
subir スビル　動詞	アップする
¿**Subiste** el vídeo a Twitter anoche? スビステ　エル　**ビ**デオ　ア　トゥイテル　アノチェ	昨日の夜、ツイッターに動画をアップした？
Me gusta / Me encanta メ　**グ**スタ　表現　　　メ　エン**カ**ンタ　表現	イイね / 超イイね
Muchas gracias por darme sus "**Me gusta**". **ム**チャス　グ**ラ**シアス　ポル　**ダ**ルメ　スス　メ　**グ**スタ	みんな、イイね！を送ってくれてどうもありがとう。
tuitear トゥイテ**ア**ル　動詞	ツイートする
Acabo de **tuitear** sobre mi gatita. ア**カ**ボ　デ　トゥイテ**ア**ル　ソブレ　ミ　ガ**ティ**タ	たった今、うちの子猫についてツイートしたところです。
retuitear レトゥイテ**ア**ル　動詞	リツイートする
¡Qué graciosa su foto!　Voy a **retuitear**la. **ケ**　グラシ**オ**サ　ス　**フォ**ト　**ボ**イ　ア　レトゥイテ**ア**ルラ	面白い画像だなあ！リツイートしようっと。

使ってみよう

Satomi : ¿Me das tu cuenta de Instagram?
メ ダス トゥ クエンタ デ インスタグラム

Federico : Vale. Te voy a seguir.
バレ テ ボイ ア セギル

Satomi : Gracias. Uy, ¡tienes muchos seguidores!
グラシアス ウイ ティエネス ムチョス セギドレス

Federico : Sí. Me gusta leer sus comentarios.
シ メ グスタ レエル スス コメンタリオス

Satomi : ¿Qué vas a subir ahora?
ケ バス ア スビル アオラ

サトミ ：インスタのアカウント教えてよ。
フェデリコ：いいよ。こっちからフォローするよ。
サトミ ：ありがとう。わあ、すごいフォロワーさんの数だね！
フェデリコ：うん。みんなのコメントを読むのが好きなんだよね。
サトミ ：次は何をアップするの？

さくいん

※代名詞、数詞、固有名詞などは除外しています。

244

基本の表現 最重要単語 テーマ別基本単語 品詞別基本単語 今すぐ使いたい さくいん

245

基本の表現

最重要単語

テーマ別基本単語

品詞別基本単語

今すぐ使いたい

さくいん

基本の表現

最重要単語

テーマ別基本単語

品詞別基本単語

今すぐ使いたい

さくいん

基本の表現

最重要単語

テーマ別基本単語

品詞別基本単語

今すぐ使いたい

さくいん

254

基本の表現

最重要単語

テーマ別基本単語

品詞別基本単語

今すぐ使いたい

さくいん

著者 ● **イスパニカ　Hispánica**

スペイン語のスクール、通信添削講座の運営、「中南米経済速報」（週刊）の発行、翻訳・通訳など、スペイン語関係の事業を幅広く展開。関連書籍に、創業者と講師が著したベストセラー『文法から学べるスペイン語』（井戸光子・石村あつ著、ナツメ社）の他、『今すぐ役立つスペイン語の日常基本単語集』（イスパニカ著、ナツメ社）、『スペイン語ビジネス会話フレーズ辞典』（イスパニカ著、三修社）など多数。

〈スペイン語の音声担当〉

カルラ・トレド　Karla Toledo
翻訳通訳やナレーションなどに従事。NHK ワールド・ラジオ日本でアナウンス業務に従事（2012 年 7 月〜 2020 年 10 月）。

ガブリエル・ベギリスタイン Gabriel Begiristain
大学でスペイン語を教えるほか、NHK のテレビやラジオのスペイン講座に出演。

レイアウト・DTP	オッコの木スタジオ
カバーデザイン	滝デザイン事務所
本文イラスト	おのみさ
執筆協力	國貞草兵／Carlos Naranjo Bejarano
協力	橋詰茜
録音・編集	一般財団法人 英語教育協議会（ELEC）
ナレーター（日本語）	都さゆり

ゼロからスタート
スペイン語単語 BASIC1000

令和 2 年（2020 年）　12 月 10 日　初版第 1 刷発行
令和 6 年（2024 年）　　6 月 10 日　　　第 5 刷発行

著　者　イスパニカ（Hispánica）
発行人　福田富与
発行所　有限会社 Ｊリサーチ出版
　　　　〒 166-0002
　　　　東京都杉並区高円寺北 2-29-14-705
　　　　電　話　03(6808)8801（代）　FAX　03(5364)5310
　　　　編集部　03(6808)8806
　　　　https://www.jresearch.co.jp
印刷所　株式会社シナノ パブリッシング プレス

ISBN 978-4-86392-501-4